대구한의대학교
안용복연구소 학술총서 5

안용복

김호동 · 진재교 · 김병우 · 김성은 · 박지영

안 용 복

김호동 · 진재교 · 김병우 · 김성은 · 박지영

목차

1장 울릉도쟁계 시기(1693~1699)의 安龍福 평가   7

머리말   9
1693~1695년 사이 조선 조정에서의 안용복 평가   12
1696~1697년 사이 조선 조정에서의 안용복 평가   18
1693~1699년 사이 일본에서의 안용복 평가   27
맺음말   28

2장 朝鮮朝 後期 文獻記錄을 통해 본 安龍福의 기억과 변주
- 無名小卒에서 國家的 英雄의 탄생 과정 -   29

머리말   31
安龍福 事件과 두 視線, 犯法과 愛國行爲의 이율배반   32
안용복의 기억과 변주 -국가적 영웅의 탄생과정   47
맺음말   57

3장 일제시대 안용복의 기억과 영웅화   61

머리말   63
『逸士遺事』의 호걸 안용복   67
『동광』의 쾌걸 안용복   73
『별건곤』의 쾌인용사 안용복   82
『동아일보』의 안용복과 울릉도   87
『조선무사영웅전』의 무사 안용복   91
맺음말   95

6   안용복

 해방 후 안용복에 대한 조명과 업적평가   99

머리말   101
독도문제의 대두와 언론의 안용복 조명   102
안용복장군기념사업회의 조직과 안용복 선양 활동   107
안용복에 대한 사회의 인식과 평가   114
맺음말   134

 일본의 안용복 인식과 이미지화 분석   137

머리말   139
일본 측의 안용복 이미지   141
  일본 정부의 안용복 이미지   141
  일본 학자들의 안용복 이미지 구축   148
    - 다가와 고죠(田川孝三)의 주장   148
    - 가와카미 겐죠(川上健三)의 주장   151
    - 나이토 세이추(內藤正中)의 주장   153
    - 이케우치 사토시(池內敏)의 주장   156
일본 측 주장에 대한 분석   159
맺음말   164

1장

울릉도쟁계 시기(1693~1699)의 안용복安龍福 평가

울릉도쟁계 시기(1693~1699)의 안용복安龍福 평가

김호동

▌머리말

　독도 관련 인터넷 홈페이지에서 '독도를 지킨 사람들' 가운데 빠짐없이 등장하는 인물이 '안용복安龍福'이다. 우리나라에서 안용복을 숙종 때 울릉도와 독도가 조선 땅임을 일본 막부정부가 자인하도록 활약한 '민간 외교가'라고 하거나, 흔히들 '장군'으로 부른다.

　한국에서 '안용복'을 독도를 지킨 인물로 부각시키는데 반해 일본에서 안용복을 부정적 인물로 묘사하고 있다. 시마네현의 '죽도문제연구회'를 이끌어나가고 있는 시모조 마사오는『죽도문제에 관한 조사연구 최종보고서』(2007.3)「머리말」에서 안용복을 모든 '악의 근원'으로 간주하면서, 그의 그릇된 증언이 조선 역사책에서 받아들여져 안용복의 영웅상이 형성되었다고 혹평했다. 한국에서 양심적인 학자로 알려져 있는 나이토 세이츄(內藤正中)조차도 "한국과 북한에서 행해지고 있는 안용복 연구는 일본에서 귀국한 후 취조한 비변사에서의 공술 내용을 기록한『조선왕조실록』에만 의존하고 있고 상대측인 돗토리번(鳥取藩)의 사료에 관해서는 전혀 고려하고 있지 않다는 결함을 가지고 있다"고 하였다. 이케우치 사토시(池內敏)도 한국의 연구자가 일본 사료와의 대조를 등한시하고 있다고 비판했다. 일본 외무성 홈페이지의 '죽도竹島-다케시마 문제를 이해하기 위한 10의 포인트' 홍보 팸플릿(2008년)에서 "한국이 자국 주장의 근거로 인용하는 안용복의 진술 내용에는 많은 의문점이 있습니다."라고 하였다.

  왜 한국에서 안용복을 영웅화하면서 '장군'으로 부르는가? 안용복이 없었다면 17세기 말 독도는 물론 울릉도까지 일본에서 집어삼켰을 것이다. 그 때문에 안용복을 '장군'으로 추존하고 있다. 1954년 부산의 애국단체인 대동문교회大東文教會에서 '독전왕 안용복 장군'으로 추존식을 거행한 것이 안용복을 '장군'으로 칭하게 된 계기이다. 그 후 1957년 안용복장군 기념회가 발족하였고, 1966년 사단법인 안용복장군기념사업회가 만들어지게 되었다. 동 기념사업회는 1960년 3월 『안용복 장군 약전』(500부), 『안용복장군安龍福將軍-부울릉도附鬱陵島·독도獨島의 내력來歷』(김의환 편집, 안용복장군기념사업회간)을 발간하였고, 1967년 부산 수영공원 내에 '안용복장군 충혼탑'을, 1971년에 울릉도에 '안용복장군충혼비'를 건립하였다. 그것으로 인해 안용복을 '장군'으로 부른다.

  안용복을 '장군'으로 호칭하고 있는데, 언제부터 어떻게 하여 그렇게 부르게 되었는가를 알리려고 한 노력을 보였는지 궁금하다. 그런 설명 없이 장군으로 부르다보니 일본으로부터 노비인 안용복을 영웅화하고 있다면서 공박당하고 있는 실정이다. 이제 안용복을 '장군'으로 칭할 것인지, '장군'으로 칭한다면 왜 그런 칭호를 부쳐야하는가에 대한 논리를 개발할 필요가 있다. 일본 측의 『죽도고竹島考』 등에 실려 있는 안용복安龍福의 호패에 의하면 그는 '서울에 사는 오충추의 사노

私奴'·'용복用卜'으로 되어 있다. 안용복을 '장군'으로 익히 들었던 일반 국민과 어린 학생들이 만약 일본인과 대화하게 되었을 때 일본인들이 안용복이 노비라고 된 자료를 거론한다면 얼마만큼 대응할 수 있을 것인지? 그리고 국제사회에서 일본이 이 자료를 거론하면서 한국 측의 이야기가 허황하다고 한다면 한국 측의 다른 주장도 믿을 바 못된다고 하지 않을까?

대구한의대학교 안용복연구소 학술대회(2015.10.30.)에서 주최 측에서 【안용복의 영웅화의 과정】을 총괄 주제로 다음과 같은 세부 주제를 부여받았다.

1) 조선후기 기록을 통해 본 안용복 당대의 영웅화 작업
2) 조선후기 문집을 통해 본 안용복
3) 일제시대 안용복의 이미지화의 실체
4) 해방 후 안용복에 대한 업적조명과 기념사업
5) 일본의 안용복 인식과 이미지화 분석

본 발표자가 첫 번째 주제인 「조선후기 기록을 통해 본 안용복 당대의 영웅화 작업」을 맡았다. 1693년 울릉도에서 안용복과 박어둔이 울릉도에서 일본 오야가의 어부들에 의해 납치해 일본으로 끌려갔고, 귀국 후 '범월犯越'때문에 귀양을 갔다. 1696년에 울릉도·독도에서 일본인을 내쫓았고, 일본 어부들을 쫓아가 일본에 도착하여 정문하고 추방되었고, 양양에 도착하여 우여곡절 끝에 유배당했다. 안용복은 당대에 영웅화 작업이 안 되었다. 『죽도기사竹嶋紀事』는 1693년 4월 18일 일본 오야가의 어부들이 울릉도에서 안용복·박어둔 납치를 하여 일본에 끌려가면서 조선과 일본 에도막부의 명을 받아 쓰시마 번 사이에

일어난 울릉도를 둘러싼 영유권 교섭에 관한 내용을 기술한 책으로, 1693년 5월부터 1699년 10월까지 담고 있다. 조선에서는 '울릉도쟁계 鬱陵島爭界'라고 하였고, 일본에서는 '죽도일건竹島一件'이라고 하였다. 그래서 제목을 「조선후기 기록을 통해 본 안용복 당대의 영웅화 작업」을 바꾸어 「울릉도쟁계 시기(1693~1699)의 안용복 평가」로 수정하였다.

1693~1695년 사이 조선 조정에서의 안용복 평가

안용복의 일본 진술에 의하면, 안용복이 울산 배에 타서 1693년 3월 15일 울산을 출항하였고, 같은 날 부이카이(미상)에 도착하였다. 그 곳을 25일에 출발, 같은 날 영해에 도착하였다. 울산 배에 타고 있었던 사람은 10명이었다. 그 중 한 명이 몸져누운 탓에 영해에서 남겨 두고, 9명이 영해에서 27일에 출발하여 울릉도에 도착했고, 가덕도 배 1척과 전라도 배 1척이 4월 5일에 울릉도에 도착하였다. 도합 3척의 배에 41명이 울릉도에 도착했다. 그렇지만 『죽도기사』에서 동래 왜관의 나카야마 가베에가 쓰시마번에 올린 구상서에 의하면, "올해도 그 섬에 벌이를 위해 부산포에서 장삿배가 3척 나갔다고 들었다"고 하였다.[1]

1693년 안용복이 울릉도 갔을 때 일본 오야 가문이 울릉도에 갈 차례였다. 오야 규에몬(大谷九右衛門)이 구로베(黑兵衛)와 히라베(平兵衛)를 선장으로 삼아 2척의 배를 타고 4월 17일 울릉도에 도착했고, 18일 안용복과 박어둔을 납치하여 일본으로 끌려갔다. 그 때문에 조선

---
1) 『竹島紀事』元禄 6년(1693) 8월 23일.

조정과 일본 에도막부 사이에서 '울릉도쟁계鬱陵島爭界(죽도일건竹島一件)'이 발생하였다.

1693년 9월 초, 에도막부의 명을 받은 쓰시마 번주는 쓰시마번의 가로인 다다 요자에몬(多田與左衛門=橘眞重)이 대차사(차왜) 정관正官에 선임되었다. 쓰시마번은 대차사 다다 요자에몬을 파견하기 위해 선향사先向使, 즉 선문두왜先文頭倭를 도해시켜 '죽도 일건'과 관련해서 사자가 도해한다는 것을 왜관의 재판이 동래부사에게 전달하자 바로 조정에 보고하였다.

우리 측 기록에서 안용복·박어둔 납치사건을 다룬 첫 번째 기록은 『변례집요』「별차왜別差倭」계유년(1693) 9월 자료이다.

> 계유년 9월, 竹島에서 붙잡힌 두 사람을 데려오는 일로 奉行差倭가 배를 타고 바람을 기다린다는 일을 알리는 先文頭倭가 나온 일을 장계하였다.
> 回啓하기를 "이른바 竹島에서 붙잡혔다고 하는 것은 요전에 경상감사의 장계 중에 울산의 뱃사람 두 명이 표류하다가 울릉도로 들어가서 왜인에게 붙잡혔다고 하는 것을 이르는 듯 합니다만, 그 섬은 우리나라의 땅이니, 간혹 뱃사람의 왕래가 있었다고 하더라도 원래 일본이 금할 수 있는 곳이 아닙니다. 봉행차왜는 결코 접대하기에 마땅하지 않다는 뜻으로 館守倭에게 엄한 말로 꾸짖고 타일러야 합니다."라고 하였다. [죽도의 일은 울릉도조에 보인다.] (『邊例集要』 권1,「別差倭」계유(1693년 9월)

죽도竹島에서 붙잡힌 두 사람을 일본의 쓰시마가 선문두왜를 도해시켜 대차사가 온다는 것을 알렸고, 왜관의 재판이 동래부사에게 전달하자 바로 조정에 보고하였다. 이전의 경상감사의 장계에 의하면 울산 어민들이 울릉도에 표류했다고 보고하였고, 그 일행 중에 두 사람이 일본 어부들에 의해 납치하였다고 하였다. 그 보고를 접한 좌의정 목래선睦來善은 "경상도 연해의 어민들은 비록 풍파 때문에 무릉도에 표류하였다고 칭하고 있으나 일찍이 연해의 수령을 지낸 사람의 말을 들어보니 바닷가 어민들이 자주 무릉도와 다른 섬에 왕래하면서 대나무도 베어오고 전복도 따오고 있다 하였습니다. 비록 표류가 아니라 하더라도 더러 이익을 취하려 왕래하면서 어채漁採로 생업을 삼는 백성을 일체 금단하기는 어렵다"고 하였다.[2] 그로 인해 조선 조정은 첫째, 울산의 두 사람이 표류하다가 울릉도에 들어가서 왜인에게 붙잡혔다고 알았고, 둘째, 비록 표류가 아니라 하더라도 이익을 취하려 울릉도와 다른 섬에 왕래하였다고 인식하였고, 셋째 '울릉도=죽도竹島'로 인식하였다. 그리고 접위관 홍중하洪重夏도 "왜인이 이른바 죽도竹島는 바로 우리나라의 울릉도이다"라고 하였다.[3]

　　예조 참판 권해權瑎의 쓰시마 번주에 보낸 답신에서 "우리나라에서는 해금海禁이 지극히 엄하여 바닷가 어민들을 규제하고 단속하여 먼 바다로 나가지 못하게 합니다. 비록 우리 영토인 울릉도라고 하더라도 아득히 멀리 있는 까닭으로 절대로 임의로 왕래하는 것을 허락하지 않았습니다."라고 하여 조선에서 해금정책을 실시하였다. 표류는 해금정책을 위반하지 않았고, 이익을 취하여 울릉도에 가는 것은 해금정책을 위반하였다. 그 때문에 울릉도에서 안용복·박어둔이 일본 어부들에 의해 납치가 이루어지자 울산 어민들이 표류하여 울릉도에 들어갔다고 하고, 박어둔이 문초에 진술한 내용 중에, "계유년(1693) 3월

---

2) 『비변사등록』 숙종 19년 11월 14일.
3) 『숙종실록』 권25 숙종 19년 11월 18일.

에 벼 25석과 銀子 9냥 3전 등의 물건을 배에 싣고 고기와 바꾸고자 울진에서 삼척으로 향할 때 바람 때문에 표류하여 이른바 죽도竹島에 배를 정박하게 되었습니다."라고 진술하였다.4)

우의정 민암이 "우리나라 해변의 주민들은 어채로 업을 삼고 있으니 아무리 엄금하려 해도 어찌지 못하는 형편입니다. 오직 적발되는 대로 금단할 수밖에 없습니다." 하니, 숙종이 이르기를 "바닷가 어민들은 날마다 이익을 따라 배를 타고 바다로 들어가야 하니 일체 금단하여 살아갈 길을 끊을 수는 없는 형편이나 이 뒤로는 특별히 신칙하여 경솔하게 나가지 못하게 하고"5) 해금정책을 재차 천명하였다.

쓰시마 번주인 소 요시츠쿠(宗義倫)인 예조 참판의 이름으로 서간을 보내어 '본국(일본)의 죽도'에 조선인이 왕래하지 않도록 요구하였다. 1694 2월 23일, 조선 조정은 어민에게 '우리나라의 울릉도(弊境之欝陵島)' 등 외양에 나가는 것을 금지하고 있는 실상과, 어민이 일본의 죽도로 들어간 것을 우호의 정으로 돌려보낸 것을 매우 기쁘게 생각한다는 것, 어민이 풍랑을 만났을 때는 표류할 수 있다는 것, 멀리 국경을 넘어 뒤섞여 고기잡이를 하는 것은 법으로 징계할 일이라는 것, 바야흐로 범인을 법률에 의거해 징계하려 했던 것, 이후에는 처벌을 엄하게 하고 단속할 것 등을 쓴 회답서를 보냈다.6) 이 때 조정은 죽도와 울릉도가 같은 섬이라는 것을 알면서도 마치 죽도와 울릉도가 다른 섬인 것처럼 써서 회답을 했다. 조정은 이제까지 신경을 쓰지 않았던 섬 때문에 일본과의 우호가 손상되는 것을 우려하는 한편, 울릉도에 일본인이 살게 되는 것도 걱정이었으므로 울릉도가 조선의 영토

---

4) 『변례집요』「울릉도」갑술년(1694) 정월.
5) 『비변사등록』 숙종 19년 11월 14일.
6) 『비변사등록』 숙종 19년 11월 14일.

인 것만 분명히 하고 저들이 자기의 영토라고 서찰에 쓴 죽도竹島가 울릉도를 가리킨 것임을 모른 체하기로 하였다.7) 그에 따라 안용복·박어둔을 '범인犯人'으로 하여 형률에 의거하여 죄를 과科하게 하고(금장범인등今將犯人等 의률과죄依律科罪), 이후에는 연해 등지에 과조科條를 엄하게 하여 이를 신칙하도록 할 것이라는 예조의 답신을 쓰시마 번주에게 보냈다.8)

1694년 3월 3일, 다음과 같이 안용복·박어둔의 죄를 논의하였다.

대신들과 비변사 당상들을 인견(引見)하여 입시했을 때, 우의정인 閔黯이 아뢴 것은, "竹島의 일은 이미 收殺하여 그 이른바 犯越한 죄인들을 마땅히 照勘해야 할 일이나, 연해의 백성들은 본래 고기잡이로 생계를 유지하므로, 법으로 금함을 무릅쓰고 이익을 탐하여 늘 먼 바다를 왕래하여 이와 같은 사단이 생기는 근심이 있게 되었으니, 각별히 엄하게 다스림이 마땅할 듯합니다. 이제 이 죄인들을 만약 가벼운 법률로써 (은혜를) 베푼다면, 뒷날에 일어날 폐단을 막기 어려울 것입니다." 라고 하는 것인데, 영의정인 權大運이 말하기를, "각각의 사람들이 비록 먼 바다로 나가는 죄를 저질렀으나, 어리석은 백성은 꼭 엄하게 다스릴 필요는 없으니, 刑推하고 풀어주는 것이 옳을 듯합니다." 라고 하였으며, 좌부승지인 李玄紀가 말하기를, "동해 가에 사는 백성들은 田土가 척박하여 농사를 지을 수 없으므로 오직 고기잡이만을 합니다. 비록 날로 엄하게 타일러 경계시키더라도 먼 바다로 나가지 않을 리가 만무합니다."라고 하였으며, 민암이 말하기를, "일이 邊境에 관계되는 일이니, 느슨하게 다스릴 수 없습니다. 首從을 분별하여 船主와 沙工은 徒年으로 정배하고, 그 나머지는 刑推하고 풀어주는 것

---

7) 김호동, 『안용복과 울릉도·독도』목포해양대학교 청소년문고, 교우미디어, 2015.
8) 『숙종실록』권26 숙종 20년 2월 23일.

이 옳을 듯합니다." 라고 하니, 상께서 말씀하시기를, "그대로 시행하라."라고 하셨다. (『승정원 일기』 숙종 20년 3월 3일)

우의정 민암이 안용복·박어둔을 국경을 넘은 '범월犯越한 죄인'들을 규정하여 "이 죄인들을 만약 가벼운 법률로써 (은혜를) 베푼다면, 뒷날에 일어날 폐단을 막기 어려울 것"이라고 하여, 마땅히 엄한 법률로서 처단하였다고 주장하였다. 영의정 권대운은 형추하고 풀어주는 것이 옳을 듯하여 주장했다. 또 다시 민암이 변경에 관계되는 일이니 느슨하게 다스릴 수 없다하여 首從을 분별하여 선주와 사공은 도년徒年으로 정배定配하고, 그 나머지는 형추하고 풀어주는 것이 옳을 듯하는 주장을 받아들여 숙종이 그대로 시행하라고 하였다. 그에 따라 울릉도에 배를 정박했던 사람을 치죄治罪하여 혹은 형신刑訊하기도 하고, 혹은 귀양 보내기도 하였다.『숙종실록』권26, 숙종 20년 2월 23일조에서 "울릉도에 배를 정박했던 사람을 치죄治罪하여 혹은 형신刑訊하기도 하고, 혹은 귀양 보내기도 하였다."고 하였다. 두 기록 이외에는 안용복과 박어둔이 귀양 갔다는 자료가 더 없다.

그 사이 조선 조정에서는 4월, 갑술환국으로 인해 남인정권이 실각하고, 소론 정권이 집권하게 되어 남구만을 영의정, 박세채를 좌의정, 윤지완을 우의정으로 기용하였다. 남구만은 왜인들이 말하는 죽도가 우리나라의 울릉도이며, 지난번 일본에 보낸 회답서는 특히 모호하니 마땅히 접위관을 파견하여 앞서의 회답서를 되돌려 받고, 울릉도에 들어오는 일본인을 모두 용납하지 않아야 한다고 하였다.9) 또 남구만은 "만약 그들에게 울릉도와 죽도竹島는 한 섬에 두 이름이 있다. 우리

---

9) 김호동,『안용복과 울릉도·독도』목포해양대학교 청소년문고, 교우미디어, 2015.

나라의 지방인데, 너희가 스스로 범월犯越하지 우리나라가 어찌 범월하는 일이 있겠는가?'라고 말한다면, 저들은 반드시 할 말이 없을 것입니다."라고 하였다. 그에 따라 안용복과 박어둔은 국경을 넘은 '범월犯越한 죄인'들이 아니었다. 그 때문에 안용복은 범월로 인한 죄를 벗어났으니 풀려났을 가능성이 컸다.

1696~1697년 사이 조선 조정에서의 안용복 평가

안용복은 1696년에 울릉도, 독도로 건너가 일본 어부들을 쫓아내고, 그들을 뒤 쫓아 일본으로 건너갔다. 그리고 추방되어 강원도 양양으로 돌아 왔다. 그 첫 기록은 다음과 같다.

> 동래 사람 安龍福·홍해 사람 劉日夫·영해 사람 劉奉石·平山浦 사람 李仁成·樂安 사람 金成吉과 順天 중[僧] 雷憲·勝淡·連習·靈律·丹責과 延安 사람 金順立 등과 함께 배를 타고 울릉도에 가서 일본국 伯耆州로 들어가 왜인과 서로 송사한 뒤에 襄陽縣 지경으로 돌아왔으므로, 江原監司 沈枰이 그 사람들을 잡아가두고 馳啓하였는데, 비변사에 내렸다.(『숙종실록』 권30 숙종 22년 8월29일)

강원감사 심평의 장계에 따라서 비변사에서 '죄인罪人 안용복' 등 10인을 경옥京獄에 압송하여 마땅히 형조로 옮겨 추문하였는데, 변방의 사정과 관련하여 다른 죄인과는 달라서 비변사의 당상과 형조의 당상 각각 1원으로 하여금 비변사에 함께 모여 하나하나 아뢴 것에 대한 실상을 조사하였다.10) 그렇지만 안용복이 동래에서 잡혀왔었다는 기록이 있다.11)

---

10) 『승정원일기』 367책 숙종 22년 9월 12일.

1696년 9월 25일, 비변사에서 안용복 등을 추문하고, 안용복의 진술은 다음과 같다.

> 비변사에서 안용복 등을 推問하였는데, 안용복이 말하기를, "저는 본디 동래에 사는데, 어미를 보러 울산에 갔다가 마침 중[僧] 雷憲 등을 만나서 근년에 울릉도에 왕래한 일을 자세히 말하고, 또 그 섬에 해물이 많다는 것을 말하였더니, 뇌헌 등이 이롭게 여겼습니다. 드디어 같이 배를 타고 영해 사는 뱃사공 劉日夫 등과 함께 떠나 그 섬에 이르렀다. … 왜선도 많이 와서 정박하여 있으므로 뱃사람들이 다 두려워하였습니다. 제가 앞장서서 말하기를, '울릉도는 본디 우리 지경인데, 왜인이 어찌하여 감히 지경을 넘어 침범하였는가? 너희들을 모두 포박하여야 하겠다.' 하고, 이어서 뱃머리에 나아가 큰소리로 꾸짖었더니, 왜인이 말하기를, '우리들은 본디 松島에 사는데 우연히 고기잡이 하러 나왔다. 이제 本所로 돌아갈 것이다.' 하므로, '松島는 子山島로서, 그것도 우리나라 땅인데 너희들이 감히 거기에 사는가?' 하였습니다. 드디어 이튿날 새벽에 배를 몰아 자산도에 갔는데, 왜인들이 막 가마솥을 벌여 놓고 고기 기름을 다리고 있었습니다. 제가 막대기로 쳐서 깨뜨리고 큰 소리로 꾸짖었더니, 왜인들이 거두어 배에 싣고서 돛을 올리고 돌아가므로, 제가 곧 배를 타고 뒤쫓았습니다. 그런데 갑자기 광풍을 만나 표류하여 玉岐島에 이르렀는데, 島主가 들어온 까닭을 물으므로, 제가 말하기를, '근년에 내가 이곳에 들어와서 울릉도·자산도 등을 조선의 지경으로 정하고, 關白의 書契까지 있는데, 이 나라에서는 定式이 없어서 이제 또 우리 지경을 침범하였으니, 이것이 무슨 도리인가?' 하자, 마땅히 伯耆州에 轉報하겠다고 하였으나, 오랫동안 소식이 없었습니다.
> 제가 분완을 금하지 못하여 배를 타고 곧장 백기주로 가서 鬱陵子

---

11) 『숙종실록』 권30 숙종 22년 9월 22일.

山兩島監稅라 가칭하고 장차 사람을 시켜 본도에 통고하려 하는데, 그 섬에서 사람과 말을 보내어 맞이하므로, 저는 푸른 철릭[帖裏]를 입고 검은 포립(布笠)을 쓰고 가죽신을 신고 轎를 타고 다른 사람들도 모두 말을 타고서 그 고을로 갔습니다. 저는 도주와 廳 위에 마주 앉고 다른 사람들은 모두 中階에 앉았는데, 도주가 묻기를, '어찌하여 들어왔는가?' 하므로, 답하기를 '전일 두 섬의 일로 서계를 받아낸 것이 명백할 뿐만이 아닌데, 대마 도주가 서계를 빼앗고는 중간에서 위조하여 두세 번 差倭를 보내 법을 어겨 함부로 침범하였으니, 내가 장차 관백에게 상소하여 죄상을 두루 말하려 한다.' 하였더니, 도주가 허락하였습니다. 드디어 李仁成으로 하여금 疏를 지어 바치게 하자, 도주의 아비가 백기주에 간청하여 오기를, '이 소를 올리면 내 아들이 반드시 중한 죄를 얻어 죽데 될 것이니 바치지 말기 바란다.' 하였으므로, 관백에게 稟定하지는 못하였으나, 전일 지경을 침범한 왜인 15인을 적발하여 처벌하였습니다. 이어서 저에게 말하기를, '두 섬은 이미 너희 나라에 속하였으니, 뒤에 혹 다시 침범하여 넘어가는 자가 있거나 도주가 혹 함부로 침범하거든, 모두 國書를 만들어 譯官을 정하여 들여보내면 엄중히 처벌할 것이다.' 하고, 이어서 양식을 주고 차왜를 정하여 호송하려 하였으나, 제가 데려가는 것은 폐단이 있다고 사양하였습니다."하였고, 뇌헌 등 여러 사람의 供辭도 대략 같았다. (『숙종실록』 권30 숙종 22년 9월 25일)

'갑자기 광풍을 만나, 표류해 옥기도에 이르렀는데' 라는 공술은 해금海禁의 죄를 추궁 당하는 것을 피하기 위해 그렇게 공술한 것이다.

안용복이 '울릉 자산 양도 감세'라 가칭하고, 푸른 철릭[帖裏]를 입고 검은 포립(布笠)을 쓰고 가죽신을 신고 교자를 타고 말을 타고 호키주로 가서 도주와 만났다고 진술하고 있다.

안용복은 첫째, '두 섬의 일로 서계로 받았다'고 밝히고 있다. 둘째, 대마도주가 서계를 빼앗아 위조하였다고 한다. 셋째, 장차 관백에게 상소하려고 이인성으로 하여금 소를 지어 바쳤다. 그로 인해 대마도주가 호키주에 간청하여 관백에게 품정하지 못하였으나 "두 섬은 이미 너희 나라에 속하였으니, 뒤에 혹 다시 침범하여 넘어가는 자가 있거나 도주가 혹 함부로 침범하거든, 모두 국서를 만들어 역관을 정하여 들여보내면 엄중히 처벌할 것이다"라고 약속하였다고 하였다.

이에 대해 남구만은 "안용복이 계유년(1693)에 울릉도에 갔다가 왜인에게 잡혀 호키주(伯耆州)에 들어갔더니 본주本州에서 울릉도는 영구히 조선에 속한다는 공문을 만들어 주고 증물贈物도 많았는데, 쓰시마번을 거쳐 나오는 길에 공문과 증물을 죄다 쓰시마 사람에게 빼앗겼다 하나, 그 말을 반드시 믿을 만하다고 여기지는 않았습니다만, 이제 안용복이 다시 호키주에 가서 정문呈文한 것을 보면 전에 한 말이 사실인 듯합니다."라고 하였다.12) 안용복이 정문한 것은 쓰시마번에서도 파악하고 있었다. 1697년 2월에 쓰시마번은 동래부에 "작년 겨울에 귀국 사람이 單子(정문)를 제출한 일이 있었는데, 조정의 명령에 의한 것입니까"라고 물었다.

1696년 9월 25일, 비변사의 추국이 끝나자 9월 27 안용복 등 죄를 논하였다. 영의정 류상운柳尙運이 말하기를, "안용복은 법금을 두려워하지 않고 다른 나라에서 일을 일으켰으므로, 죄를 용서할 수 없습니다. 또 저 나라에서 표해인漂海人을 보내는 것은 반드시 대마도에서 하는 것이 규례인데, 곧바로 그곳에서 내보냈으니, 이것을 명백히 언급하지 않을 수 없으나, 안용복은 도해역관渡海譯官이 돌아온 뒤에 처단하여야 하겠습니다." 하였는데, 좌의정 윤지선尹趾善도 그렇게 말하

---

12) 『승정원일기』 367책 숙종22년 10월 13일.

였다. 제신諸臣이 다 말하기를, "안용복의 죄상은 용서하기 어렵습니다. 먼저 도주에게 통고한 뒤에 다시 사기事機를 보아서 처단하는 것이 마땅하겠습니다."라고 하였다. 제신들의 의견을 듣고 숙종이 "안용복의 죄는 결코 용서할 수 없고, 대마도에 통고하지 않을 수도 없다. 도해 역관이 돌아온 뒤에 처치하는 것이 옳겠다." 하였다. 또 유상운이 말하기를, "이인성李仁成은 소疏를 지었으므로 그 죄가 또한 무거우나, 수범首犯·종범從犯을 논한다면 이인성은 종범이 되니, 차률次律로 결단하여야 마땅합니다. 그 나머지는 고기잡이하러 갔을 뿐이니, 버려두고 논하지 않는 것이 마땅합니다."라고 하여 숙종이 윤허하였다.13) 그에 따라 안용복은 수범이고, 이인성은 종범이고, 그 나머지는 고기잡이러 갔을 뿐이니, 버려두고 논하지 않는 것이 마땅하다고 하였다. 『승정원일기』 숙종 22년 9월 27일, 유상운이 안용복을 '다른 나라에서 문젯거리를 만든 난민亂民'이라고 하였다.

9월 27일 안용복이 제신들이 안용복을 죽이라고 하였는데, 10월 13일, 안용복 등의 죄를 다시 논하여 윤지완과 남구만은 안용복을 죽이는 것을 안 된다고 하였다. 윤지완은 "안용복이 그 죄를 논하면 마땅히 죽여야 하는데, 단지 대마도 사람이 전부터 속여 온 것은 우리나라에서 강호江戶와 교통하지 못하였기 때문인데, 이제 다른 길이 따로 있는 줄 알았으니, 반드시 크게 두려움이 생길 것이나 안용복이 주살되었다는 말을 들으면 영구히 막힌 것을 기뻐할 것"이라고 하였다.14) 이것은 안용복의 울릉도행이 조선-동래왜관-대마도-일본 강호江戶와의 루트에 치명적 타격을 줄 것이라는 점을 대마도가 염려하고 있음을 보여주

---

13) 『숙종실록』 권30 숙종 22년 9월27일.
14) 『숙종실록』 권30 숙종 22년 10월13일.

는 것이다.15) 그 때문에 윤지완은 "우리나라에서 안용복을 죽이는 것이 법으로는 옳겠지만 계책으로는 그릇된다."고 주장하였다.

남구만은 "안용복이 금령禁令을 무릅쓰고 다시 가서 사단을 일으킨 죄는 진실로 주살하지 않을 수 없었다"라고 말하고, "대마도의 왜인이 울릉도를 죽도竹島라 거짓 칭하고, 강호의 명이라 거짓으로 평계대어 우리나라에서 사람들이 울릉도에 왕래하는 것을 금지하게 하려고 중간에서 속여 농간을 부린 정상이 이제 안용복 때문에 죄다 드러났으니, 이것은 또한 하나의 쾌사입니다. 안용복에게 죄가 있고 없는 것과 죽여야 하고 죽이지 말하여 하는 것은 우리나라에서 천천히 의논하여 처치할 것이다"라고 주장하였다. 또 남구만은 "동래부로 하여금 대마도에 글을 보내어 조목으로 열거하여 힐문해서 명확하게 분별하여 매우 배척하지 않을 수 없다"고 주장하면서 "그런 뒤에 안용복의 죄를 우리나라에서 그 경중을 의논하여 처치하고, 울릉도의 일은 왜인이 감히 다시 입을 열지 못하게 하면, 교활한 왜인이 시험하여 보려는 생각을 조금 줄일 수 있을 것이니, 이것이 상책이다"라고 주장하였다. 남구만은 "그렇게 할 수 없다면, 또한 동래부사로 하여금 대마도주에게 글을 보내어 먼저 안용복이 마음대로 정문한 죄를 말하고, 그 다음 本島(대마도)에서 용복의 공문을 빼앗은 정상을 말하고, 또한 본도에서 죽도竹島를 사칭한 잘못을 말하게 하는 것 등, 몇 가지로 나누어 말하되, 간곡하게 말을 엮어서 그들의 회답을 기다린 뒤에 처리하는 것이 옳을 것입니다. 용복을 단죄斷罪하는 뜻은 결코 서계書契 중에 언급하지 않는 것, 이것이 중책中策이 된다고 주장하였다. 이치를 가려서 타이르고 자세히

---

15) 김호동, 「조선 숙종조 영토분쟁의 배경과 대응에 관한 검토-안용복 활동의 새로운 검토를 위해-」『대구사학』94, 2009, 34쪽.

조사措辭하고서 그 회답을 기다란 뒤에 처치하는 것이 옳겠고, 안용복을 단죄한다는 뜻은 결코 서계 가운데에 말하여서는 안되니, 이것이 中策이다"라고 주장하였다. 또 남구만은 "가령 대마도가 간교함으로 우리를 속인 정상에 이르러서는 불문에 부치고, 용복이 정문하여 시비를 가리려 한 죄는 먼저 논의하여 그를 죽일 것이며, 오직 대마도주의 원망을 사지 않으면, 그가 몹시 약한 모습을 보일 것입니다. 또한 대마도주의 뜻이 비록 마음속으론 원수를 갚는 것을 후련하게 여겨 다행으로 생각할 것이나, 밖으론 반드시 마음이 확 풀려 우리에게 감사하려 하지 않을 것입니다. 지금부터 이후로는 모든 일이 그의 뜻과 같지 않음이 조금이라도 있으면, 도리어 용복을 핑계 삼아서 우리나라를 깔보고 위협하는 말꼬리를 잡을 것이며, 오래지 않아 장차 울릉도로 말의 빌미를 삼아 연이어 차왜差倭를 보낼 것이니, 우리가 어찌 그것을 감당할 수 있겠습니까? 이것이 하책下策인 듯합니다."라고 주장하였다.16)

외방에 있는 대신의 뜻은 다 안용복을 죽이는 것을 옳지 않다 하나, 남구만의 상책은 쉽사리 의논하기 어려울 듯하다. 그 이유는 "외방의 대신들은 안용복을 죄주지 않고 오로지 대마도를 꾸짖으면, 마치 국가에서 시킨 것인 것이다" 하였다. 외방의 대신은 "안용복·이인성은 우선 그대로 가두어 두었다가 수상이 출사하기를 기다린 뒤에 처치하고, 그 나머지 위협 때문에 따른 자는 이미 살리는 의논에 붙였으니, 먼저 석방하여야 하겠다"고 주장하였다. 숙종이 말하기를, "영부사(남구만)가 말한 상책이 아직 어떠한 것인지 알지 못하겠다. 영상이 출사하기를 기다린 뒤에 다시 서로 의론하여 (어떻게) 처리할지 아룀이 좋을 듯하다. 용복과 인성은 대신들의 문의를 기다린 뒤에 처리하도록

---

16) 『승정원일기』 367책 숙종22년 10월 13일.

하라. 이 밖에 여러 사람들은 우선 석방함이 옳도다." 라고 하였다.17)

지중추부사인 신여철申汝哲이 말하기를, "오랫동안 병환 중에 있어서 조정의 회의에 참여하지 못하였습니다. 다만 용복의 일은 죽을 죄로 단죄한다고 들었습니다만, 신의 의견은 그렇지 않습니다. 용복이 아주 교활한 백성으로서 나라의 사신을 사칭하고 다른 나라에 정문하였으니, 그의 소행은 그 죄과가 아주 크고, 범월犯越한 죄는 마땅히 죽음을 면하기 어렵습니다. 그러나 공과가 서로 비슷하니 국가가 능히 할 수 없는 바의 일입니다. 그가 무지한 소민小民으로서 능히 다른 나라에 글을 올려서 대마도주가 (조선과 일본의) 중간에 있으면서 강호江戶를 기폐欺蔽하고 배를 띄어 자식自食하는 것 등의 일을 거리낌없이 다 말하였습니다. 재외 대신들이 이른바 '용복을 죽이면 대마도주가 반드시 그것을 기뻐할 것이다.'라고 한 것, 그 말이 바로 이것입니다. 용복을 하나의 죄로 처단할 수 없습니다."라고 하였다.18)

윤지선尹趾善이 말하기를, "용복을 죽이지 않으면, 말세의 간교한 백성이 반드시 다른 나라에서 문젯거리를 만드는 일이 많을 것이며, 의주義州의 백성들도 그를 본받은 자가 많을 것이니, 용복을 어찌 죽이지 않을 수 있겠습니까?" 라고 하였다.19)

숙종이 말하기를, "재외 두 대신과 훈장의 말이 일리가 없는 것은 아니나, 지금 이 용복의 일은 나라에 해가 되지 않고, 다만 대마도주의 일일 뿐이다. 뒷날 간교한 백성이 만약 이러한 잘못된 것을 본받아서 국가의 비밀스런 일을 누설하는 자가 있으면, 매우 염려할 만한 일이라는 것도 일 리가 있는 것이다. 영상이 출사하기를 기다린 뒤에 처리

---

17) 『승정원일기』 367책 숙종22년 10월 13일.
18) 『승정원일기』 367책 숙종22년 10월 13일.
19) 『승정원일기』 367책 숙종22년 10월 13일.

하는 것이 옳을 것이다."라고 하였다.[20]

　1697년 3월 27일, 유상운 등이 입시하여 금령을 범한 안용복을 처벌하는 문제 등에 대해 논의하였다. 유상운이 말하기를, "안용복은 법으로 마땅히 주살해야 하는데, 남구만·윤지완이 모두 가벼이 죽일 수 없다고 하고, 또 도왜島倭가 서신을 보내어 죄를 전前 도주島主에게 돌리고, 울릉도에는 왜인의 왕래를 금지시켜 다른 혼단이 없다고 하면서 갑자기 자복自服하였으니, 까닭이 없지 않을 듯하므로, 안용복은 앞질러 먼저 처단할 수가 없다고 하였습니다. 그 뜻은 대체로 왜인의 기를 꺾어 자복시킨 것을 안용복의 공으로 여긴 것입니다." 하니,[21] 숙종이 말하기를, "안용복이 법을 어긴 것은 하나의 죄로 논하지 않을 수 없다. 영부사(남구만), 영돈녕(윤지완), 그리고 지난날 이 자리에서 신여철도 의견이 모두 같으니, 만약 용복을 죽이면 저들이 꺼리는 마음이 없을 것이라고 한 것도 깊은 염려에서 나온 것이므로 형세를 지켜보고 처리하려고 한다. 지금 다른 단서가 없는데, 저들이 곧 순순히 자복하는 것, 이것은 반드시 (무슨) 곡절이 있어서 일 것이니, 법으로 논한다면 용서할 수 없으나, 사기事機가 이와 같으니, 사형死刑에서 감하여 멀리 유배를 보냄이 옳을 것이다."라고 하였다.[22]

　안용복은 사형에서 정배하는 것으로 감하였다. 안용복에 대한 '감사정배減死定配'의 명을 환수還收하기를 청하는 장령掌令 류중무柳重茂와 이동암李東馣의 계啓가 4월 12일과 4월 13일 이틀 동안 이루어졌고, 숙종은 "번거롭게 하지 말라"라고 하였다.[23] 정배의 장소의 기록

---

20) 『승정원일기』 367책 숙종22년 10월 13일.
21) 『숙종실록』 권31 숙종 23년 3월27일.
22) 『승정원 일기』 370책 숙종 23년 3월 27일.
23) 『승정원 일기』 371책 숙종 23년 4월 12일, 『승정원 일기』 371책 숙종 23년 4월

이 없다보니 장소는 모른다.

1693~1699년 사이 일본에서의 안용복 평가

『죽도기사』 1693년에 안용복과 박어둔 두 사람을 '조선 인질인(朝鮮 人質人)'이라고 표현하였다.24)

안용복을 오카지마 마사요시(岡嶋正義)의 『죽도고』에서는 '맹성광폭(猛性狂暴)'이라는 용어로, 『인부연표』에서는 '포악(暴惡)'이라는 설명했다. 『죽도고』는

> 그런데 인평샤는 맹성광폭한 자이기 때문에 전부터 그런 소문에 있었기에 혹시 도중에 난폭한 거동이 있어서는 안 되기에 부녀자와 아이들이 거리에서 구경하는 것을 금하는 바이다.

라고, 안용복은 부녀자와 아이들에게 해를 끼칠 정도로 맹성광폭한 자로 소개했고, 『인부연표』도

> 집안의 가신을 비롯한 모두 구경하러 나오는 자는 함부로 행동을 하지 말 것을 엄히 주의하여, 그 중에서도 여자와 아이가 나오는 일 없도록 하라는 뜻을 알렸다. 이번의 이객 중에 포악한 자가 있다고 들었기 때문이다.(『因府年表』元祿 6년 5월28일)

라고, 안용복을 '포악한 자'로 지칭하였다.

13일.
24) 『죽도기사』 1권, 원록 6년 9월 22일.

▌ 맺음말

여기서, 한 가지 명확히 해야 할 것은 18세기 중반에 이미 그를 영웅으로 간주되었다는 점을 간과해서는 안 된다. 성호 이익은 다음 자료에서 보다시피

> <u>나는 생각건대, 안용복은 곧 영웅호걸인 것이다.</u> 미천한 일개 군졸로서 만 번 죽음을 무릅쓰고 국가를 위하여 강적과 겨루어 간사한 마음을 꺾어버리고 여러 대를 끌어온 분쟁을 그치게 했으며, 한 고을의 토지를 회복했으니 傅介子와 陳湯에 비하여 그 일이 더욱 어려운 것이니 영특한 자가 아니면 할 수 없는 일이다. … 용복은 한 세대의 공적을 세운 것뿐이 아니었다. 고금에 張循王의 花園老卒을 호걸이라고 칭송하나, 그가 이룩한 일은 大商巨富에 지나지 않았으며, 국가의 큰 계책에는 도움이 없었던 것이다. <u>용복과 같은 자는 국가의 위급한 때를 당하여 항오에서 발탁하여 장수급으로 등용하고 그 뜻을 행하게 했다면, 그 이룩한 바가 어찌 이에 그쳤겠는가?</u> (『星湖僿說』제3권, 〈天地門〉, '鬱陵島')

안용복을 영웅호걸이라고 하면서 장수로 등용하여 그 뜻을 행하게 했어야 한다고 하였다. 성호 이익의 경우 안용복이 일개 미천한 군졸에서 나라를 지킨 공적을 높게 평가하여 영웅으로 추앙하고 있는데 반해 현재의 우리는 안용복을 장군으로 부르면서 마냥 치켜세우기만 몰두하고 있는 셈이다. 성호 이익의 아들 이맹휴李孟休가 『춘관지春官志』에서 '안용복전'을 두었고, 원중거元重舉의 『화국지和國志』'안용복전' 윤행임尹行恁의 『해동외사海東外史』의 '안용복安龍福' 등이 안용복을 영웅호걸로 추앙한 것은 성호의 뜻을 파악하였기 때문임을 잊어서는 안 된다.

▌ 김호동(영남대학교 독도연구소) ▌

2장

朝鮮朝 後期 文獻記錄을 통해 본 安龍福의 기억과 변주

- 무명소졸無名小卒에서 국가적國家的 영웅英雄의 탄생 과정 -

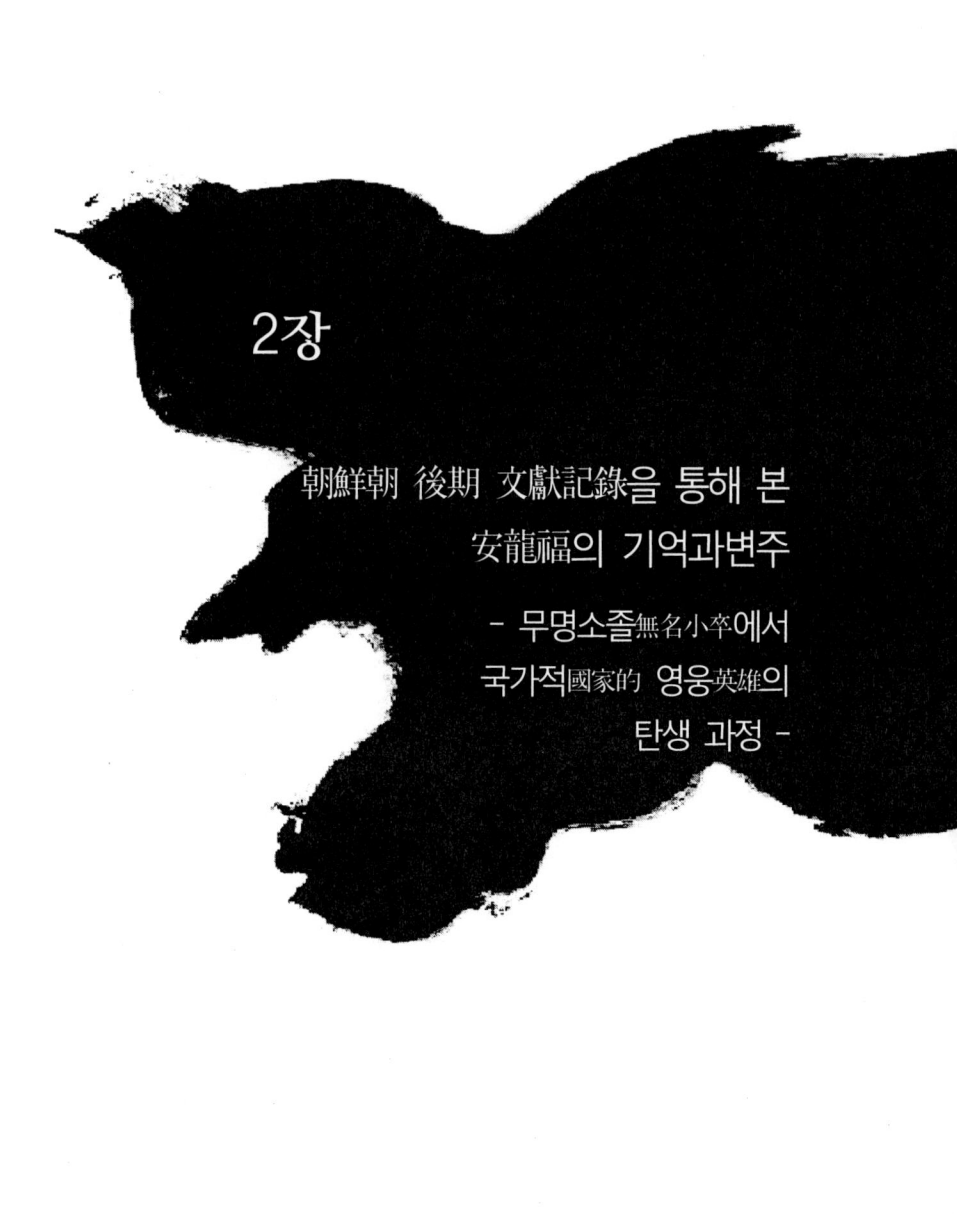

朝鮮朝 後期 文獻記錄을 통해 본
安龍福의 기억과 변주
- 무명소졸無名小卒에서 국가적國家的 영웅英雄의 탄생 과정 -

진재교

▌머리말

　　安龍福(1658~?)은 무명소졸의 신분으로 越境하여 일본과 울릉도를 爭界하고 그들의 간계를 저지함으로써, 강역인식에 전환을 가져다 준 역사적 인물이다. 그는 영토를 수호한 국가적 공훈에도 불구하고, 그것에 상응하는 대우를 받지 못하고 오히려 범법자로 취급되어 유배형을 받았다. 유배 이후 그의 행적은 알려진 바 없다. 결국 그는 쓸쓸히 역사의 뒤안길로 사라지고 말았다. 그러나 이후 국왕과 다수의 문사들은 백두산 정계 사건 이후 터져 나온 국경문제로 인하여 강역 수호의 상징 인물로 그를 다시 역사 공간에서 호출한다. 그들은 안용복을 기억해내고 다양한 시선으로 재조명하거니와, 무엇보다 강역을 회복한 안용복에 주목하는 한편, 울릉도를 쟁계한 실상과 그 과정에서 보여준 그의 활약상을 기록으로 남긴다.[1)]

　　뿐만 아니라 일부 문사들은 무명소졸의 범죄자에서 일약 국가적 영웅으로 안용복을 조명하고, 강역 수호의 상징인물로 기억한다. 이들은 국가적 난제를 해결한 그의 활약상을 주목하였다. 이는 안용복을 국가적 영웅으로 환치시켜 당대의 강역문제와 연결시킨 것이기도 하다.[2] 대체로 범법자에서 역사적 인물로 안용복을 탄생시키는 과정은 역사 공간으로부터 그를 호출하여 영토 수호의 상징 인물로 기억하는 방식으로 이루어진다. 이 과정은 흥미롭고 주목할 만하다.

그렇다면 당시 집권층은 안용복의 행동을 어떻게 인식하고 있으며, 그 이후 역사는 그를 어떻게 평가하였던가? 많은 문사들은 무엇 때문에 안용복의 행동을 기록으로 포착하였으며, 그러한 기록은 역사적으로 어떤 의미를 지니는 것일까? 조선조 후기 문헌 기록을 통해 이 몇 가지 물음에 답해보고자 한다.

▌ 安龍福 事件과 두 視線, 犯法과 愛國行爲의 이율배반

안용복은 1693년과 1696년 두 차례에 걸쳐 울릉도에 건너 가 일본인의 무단 어획과 울릉도 귀속 문제를 제기하고 해결한 인물이다.

---

1) 17세기 후반에 발생한 울릉도 쟁계 문제와 안용복의 활동은 송병기(2007); 김호동(2007) 참조. 그리고 울릉도와 안용복과 관련한 사료를 제시하고 개략적으로 분석한 사례도 있는데, 경상북도(2008); 박병섭(2007); 유미림(2007) 등이 그것이다. 이 외에도 鬱陵島 爭界[일본의 경우 이를 '竹島一件'이라고 한다.]와 관련하여 안용복이 2차례 일본에 건너 간 사실과 에도 막부에서의 진술 자료와 공초 자료, 그리고 귀국 후의 관찬 자료 등을 중심으로 안용복의 행적과 활동 등을 논한 성과도 있다. 대표적으로는 권오엽(2011); 오오니시 토시테루 (2011) 등이다. 이 외에도 적지 않은 성과가 있지만, 논지에 필요한 경우 인용하기로 하고 나머지는 일일이 적지 않는다.
2) 대표적인 문학적 성과는 원중거를 들 수 있다. 원중거는 안용복의 울릉도 쟁계 사건을 중요한 국가적 사안으로 주목하고 입전한 바 있다. 원중거의 「안용복전」에 대해서는 진재교(2009), 231~261면 참조.

그는 일본에 건너 간 뒤에도 당당하고 논리적 언변으로 울릉도를 爭界함으로써, 일본의 야욕을 간파하고 문제를 해결하였다. 하지만 국가는 渡海 과정과 외교 사안을 사적으로 처리한 안용복의 행동을 문제 삼아 治罪한 뒤, 유배형에 처한다. 안용복은 국가가 등한시한 울릉도 귀속 문제를 해결하지만, 범법자로 전락하고 만다. 당시 조정은 안용복의 처리를 두고 적지 않은 논란을 벌인 바 있다. 비록 안용복은 범법자로 전락하였음에도 불구하고, 많은 문사들은 그의 애국 행동을 기억하고 오랜 기간 그를 역사에서 호출하였다.

과연 관찬서를 비롯한 문사들의 기록은 안용복 사건과 그의 행동을 어떠한 시선으로 다루고 있을까? 안용복을 기록한 국내 기록을 보자.

[표 1] 안용복 관련 국내 기록

편·저자	출전 및 작품명	내용	비고
① 南九萬 (1629~1711)	『藥泉集』	안용복의 행위가 중죄이지만, 이를 처리하는데 상책, 중책, 하책의 세 가지 방책이 있으니 죽이지 말고 다시 처리하는 것을 물음	권31의 「答柳相國丙子十月五日」에 나옴
② 南九萬 (1629~1711)	『藥泉集』	왜인의 書契를 받고 그들이 원하는 바를 간파하고 안용복에게 물어 불가함을 답한 내용	권32의 「答崔汝和」에 나옴
③ 權以鎭 (1668~1734)	『有懷堂先生集』	邊氓인 안용복이 표류하여 울릉도 이르러 왜인 어부들에게 잡혀 백기주에 간 사실을 기록	권3의 「陳金井山城忠烈別祠海防三件疏 辛卯東萊府使時」에 나옴
④ 李瀷 (1681~1763)	『星湖僿說』	안용복이 일본의 울릉도 탈취 사건을 저지하는 전후 사정과 저자의 논평을 덧붙여 안용복을 영웅으로 기술함	

⑤ 李瀷 (1681~1763)	『星湖先生全集』	왜가 매번 와서 울릉도를 다투는 것은 직통의 길이 있음을 제시하고 자세한 것은 朴師洙의「安龍福傳」에 있음을 제시	권12의「答鄭汝逸」에 나옴
⑥ 朴師洙 (1686~1739)	미상	「安龍福傳」을 지었다고 하난 그 내용은 미상	작품 현전 여부 미상
⑦ 官撰	『承政院日記』	안용복 일본 도해와 울릉도 쟁계 사건의 전말과 그 처리과정을 기록	숙종과 영조
⑧ 官撰	『朝鮮王朝實錄』	안용복 일본 도해와 울릉도 쟁계 사건의 전말과 그 처리과정을 기록	『숙종실록』과 『영조실록』에 나옴
⑨ 官撰	『備邊司謄錄』	안용복 일행이 조선조정에 대마도의 농간한 사살을 일러주어 회답서계하여 差倭를 굴복시킴	숙종 21년 1695년 05월 22일 기사에 나옴
⑩ 安鼎福 (1712~1791)	『順菴先生文集』	고려 시대의 서희에 견주어 안용복을 평가	권7의「與李廷藻家煥書」에 나옴
⑪ 李孟休 (1713~1750)	『春官志』	안용복의 개인사와 일본의 울릉도 영토 탈취 사건을 해결하는 내용을 중심으로 기술	『성호사설』의 내용과 비슷함
⑫ 元重擧 (1719~1990)	『和國志』	안용복의 개인사와 일본의 울릉도 탈취 사건을 '전'의 방식으로 소개하고 저자의 논평을 덧붙임	「安龍福傳」에 나옴. 두 차례 일본에 가서 울릉도의 소속을 해결한 서사
⑬ 李萬運 (1723~1797) 外	『東國文獻備考』	실록과 공초 등을 근거로 울릉도 사건과 안용복의 활동을 기술	기존의 사료를 재 기록
⑭ 成大中 (1732~1809)	『日本錄』	『춘관지』의 내용을 근거로 안용복의 개인사와 울릉도 탈취사건을 입전하고 있음	『青城雜記』의 내용은 『日本錄』의 내용을 축소한 것임
⑮ 成大中 (1732~1809)	『青城雜記』	안용복의 개인사와 일본의 울릉도 탈취사건을 요약 서술	
⑯ 李肯翊 (1736~806)	『燃藜室記述』	『춘관지』의 내용을 요약하여 기술함	

⑰ 正祖 (1752~1800)	『弘齋全書』	안용복의 행동을 한나라 고조의 勇士에 비유	권173의 『日得錄』에 나옴
⑱ 正祖 (1752~1800)	『弘齋全書』	단신으로 왜에 들어가 왜인이 울릉도를 넘보지 못하게 한 공과 함께 안용복을 漢 高帝의 용맹한 군사로 추켜세움	『弘齋全書』 권13 '序引'의 「翼靖公奏藁軍旅類叙」에 나옴
⑲ 成海應 (1760~1839)	『硏經齋全集』	이맹휴의 『春官志』에서 안용복 사건을 읽고 자신의 감회를 後序 형태로 적어 놓음	『硏經齋全集續集』 11책의 「題安龍福傳後」에 나옴
⑳ 成海應 (1760~1839)	『硏經齋全集』	1693년 일본에 건너 가 울릉도 귀속 문제를 해결하고 유배형에 처해진 안용복의 공을 서술	『硏經齋全集外集』 卷45의 「菀陵島志」에 나옴
㉑ 尹行恁 (1762~1801)	『碩齋稿』	안용복이 일본의 울릉도 탈취사건을 저지한 사건을 중심으로 기술	권9의 『海東外史』에 '안용복' 나옴
㉒ 金健瑞 (생몰년 미상)	『增正交隣志』	외교적 관점에서 안용복의 사건을 간략하게 기술	안용복의 이름은 거론되지 않고 그 사건만 나옴
㉓ 徐榮輔 (1759~1816) 外	『萬機要覽』	『문헌비고』 등을 근거로 안용복이 울릉도 문제를 위해 일본에 2번이나 간 사실을 기술	官撰書로 울릉도의 역사를 요약 기술
㉔ 李圭景 (1788~1863)	『五洲衍文長箋散稿』	『성호사설』의 내용을 인용하여 안용복의 행적을 서술하고 여기에 자신의 견해를 덧붙여 놓음	'海浪島磧磧磯辨證說'과 '鬱陵島事實辨證說' 등 두 군데에 보임
㉕ 李慶民 (1814~1883)	『熙朝軼事』	『碩齋稿』를 이용하여 안용복의 개인사와 울릉도 문제를 간단하게 기술	「安龍福傳」
㉖ 宋炳華 (1852~1915)	『蘭谷集』	왜인들과 맞서 울릉도가 우리의 영토임을 확인시켜 준 안용복의 기사를 기술	「安龍福傳」은 원중거의 「安龍福傳」을 기초로 첨언
㉗ 安鍾和 (1860~1924)	『國朝人物志』	『碩齋稿』를 이용하여 안용복의 개인사와 울릉도 문제를 기술	
㉘ 張志淵 (1864~1921)	『逸士遺事』	전대의 기록을 참고하여 안용복의 울릉도 쟁계를 기술	권4, '安龍福'

도표3)에서 보듯이 18세기 이후 20세기 초까지 많은 기록들은 지

---

3) 이 도표는 진재교(2009)에서 정리한 것을 토대로 일부 보완하여 재정리한 것이다.

속적으로 안용복을 호출하여 제각기 방식으로 기억하고 있다. 국가의 공식기록인 관찬서부터 사적인 개인 문사 기록에 이르기까지 다양하다. 이처럼 국가와 많은 문사들이 17세기말에서 20세기 초까지 그에게 지속적인 관심을 보이고 있다. 일단 안용복 사건의 기록은 官撰과 私撰으로 나눌 수 있다. 관찬은 안용복이 울릉도를 둘러싸고 벌어진 조선조와 에도 막부간의 爭界를 중심으로 기록하고 있다. 대체로 안용복이 월경한 사실과 사적인 신분으로 일본에 건너가 울릉도 귀속 문제를 다룬 것, 귀국이후 안용복이 범법자로 몰려 유배된 정황을 객관적으로 다루고 있다.

⑦, ⑧, ⑬, ㉓ 등의 기록이 그러한데, 대부분 관찬기록이다. 특히 『조선왕조실록』과 『승정원일기』 등은 안용복 사건의 처리를 두고 벌인 조정의 논란 상황과 그의 실정법 위반 사안을 적시하는 한편, 사건 관련 정보를 객관적으로 보여준다. 예컨대 안용복의 행동을 긍정적인 시선으로 바라보고 기록하는가하면, 실정법 위반 사실을 기술하기도 하며, 안용복 사건을 둘러싸고 논란하는 조정의 저간의 실상을 사실대로 보여주기도 한다. 당시 국고문헌이나 관찬서는 史官의 서술과 객관성을 위주로 한다는 점을 감안하면, 우리는 이 기록을 통해 안용복의 울릉도 쟁계 사실의 구체적인 정보나 이 사건의 전개과정을 비롯하여 다양한 주변정보를 확인할 수 있다.

이에 반해 개인 文士들은 안용복의 개인사를 비롯하여 울릉도 쟁계를 둘러싸고 진행된 안용복의 행보와 활약상은 물론 울릉도를 차지하기 위한 대마도의 奸計, 그리고 당시 조선조의 대응 양상 등을 두루 기록하고 있다. 문사들의 시선은 어디까지나 안용복의 울릉도 쟁계와 그것을 해결한 활약상에 초점을 두었다. 일부 기록은 실정법 차원에서 안용복의 행동을 보아서는 안 되고, 국가적 차원에서 역사적 맥락에서 볼 것을 촉구하기도 한다. 대체로 ④, ⑨, ⑰, ⑱ 등의 기록이 그러하다. 이들 기록은 안용복의 행위가 비록 실정법을 위반하였지만, 그가 사적 이익을 도모한 것이 아니고, 국가를 위한 애국적 행동에 방점을 두고 그를 적극 옹호한다. 무엇보다 국왕 정조의 시선과 기술을 주목할 필요가 있다. 이는 뒤에서 재론할 것이다. 요컨대 조선조 후기의 안용복 사건을 기록한 자료들은 그의 행동을 다양한 시선에서 바라보고, 그 의미망도 하나로 수렴되지 않을 만큼 다기하다는 사실이다.

그러면 관찬 기록은 안용복 사건과 안용복의 행동을 어떻게 바라보고 있는 지 구체적으로 살펴보기로 한다. 우선 『肅宗實錄』의 기사를 주목해 보자.

> 領議政 柳尙運이 말하기를, "安龍福은 法禁을 두려워하지 않고 다른 나라에서 일을 일으켰으므로, 죄를 용서할 수 없습니다. 또 저 나라에서 漂海人을 보내는 것은 반드시 對馬島에서 하는 것이 규례인데, 곧바로 그곳에서 내보냈으니, 이것을 명백히 언급하지 않을 수 없으나, 안용복은 渡海譯官이 돌아온 뒤에 처단하여야 하겠습니다."하였는데, 左議政 尹趾善도 그렇게 말하였다. 刑曹判書 金鎭龜가 말하기를, "臣이 領相의 말에 따라 右議政 徐文重에게 가서 물었더니, '이 일은 관계되는 바가 가볍지 않다. 예전부터 交隣에 관한 일은 처음에는 작은 듯하다가 끝에 가서는 매우 커진다. 대마도에서 안용복의 일을 들으면, 우리나라에 怨恨을 품을 것이니 먼저 통보하고, 안용복 등을 가두고서 저들의 소식을 기다린 뒤에 論斷해야 할 것이다.' 하고 判府事 申翼相은, '대마도에 통고하는 것은 그만둘 수 없을 듯하나, 그 말을 들은 뒤에 처치하면 稟슈과 같으니, 한편으로 통고하고 한편으로 처단하는 것이 마땅할 듯하다.' 하였습니다."하니, 임금이 諸臣에게 물었다. 제신이 다 말

하기를, "안용복의 죄상은 용서하기 어렵습니다. 먼저 島主에게 통고한 뒤에 다시 事機를 보아서 처단하는 것이 마땅하겠습니다."하니, 임금이 말하기를, "안용복의 죄는 결코 용서할 수 없고, 대마도에 통고하지 않을 수도 없다. 도해 역관이 돌아온 뒤에 처치하는 것이 옳겠다."하였다.[4]

領議政 柳尙運을 비롯하여 左議政 尹趾善, 刑曹判書 金鎭龜, 右議政 徐文重, 判府事 申翼相 등은 안용복의 행동을 국기를 문란한 죄로 인식한다. 이들은 안용복이 法禁을 두려워하지 않고, 사적 행동으로 외교문제를 일으킨 점을 문제 삼는다. 그리고 그의 행동이 향후 외교문제로 비화하기 전에 사전 방지 차원에서 안용복의 처단을 주장하고 있다. 숙종 또한 이에 동조하여 안용복에게 죄를 묻고, 외교 마찰을 피하기 위해 사건의 처리 결과도 대마도에 통고하는 방향으로 결론 지으려 한다. 하지만 안용복을 처단하고 대마도에 그 결과를 통보하는 것은 쉽게 결정할 사안이 아니었다. 이는 강역과 국가 간의 문제인데다 처리 결과에 따라 다른 문제가 야기될 수 있었기 때문이다. 대신들 간에도 이견이 표출되면서 다시 논란을 벌인다. 그 부분이다.

좌의정 尹趾善이 말하기를, "安龍福의 일을 外方에 있는 대신에게 물었더니, 領敦寧 尹趾完은 말하기를, ①'안용복은 사사로이 다른 나라에 가서 외람되게 나라의 일을 말하였는데, 그가 혹 朝廷에서 시킨 것처럼 하였다면 매우 놀라운 일이니, 그 죄를 논하면 마땅히 죽여야 하는 데 의심할 바가 없습니다. 단지 對馬島 사람이 전부터 속여 온 것은 우리나라에서 江戶와 교통하지 못하였기 때문인데, 이제 다른 길이 따로 있는

---

4) 한국고전번역원, 한국고전종합 DB, 국역『조선왕조실록』숙종 22년(1696) 9월 27일조 참조. 이후『조선왕조실록』과『승정원일기』의 번역본은 이 사이트를 참조하였음을 밝혀둔다.

것을 알았으니, 반드시 크게 두려움이 생길 것이나, 안용복이 誅殺되었다는 말을 들으면 또 그 길이 영구히 막힌 것을 기뻐할 것입니다. 우리나라에서 안용복을 죽이는 것이 법으로는 옳겠지만 계책으로는 그릇된 것이므로, 법을 폐기하는 것은 진실로 不可하나 계책을 잃는 것도 아까운데, 대마도에 통보하고 倭館 밖에 梟示하여 교활한 왜인의 마음을 시원하게 하는 데 이르러서는 스스로 손상하는 데로 돌아가는 것을 면하지 못할 것입니다.' 하고, 領府事 南九萬은 말하기를, '안용복이 계유년에 鬱陵島에 갔다가 왜인에게 잡혀 伯耆州에 들어갔더니, 本州에서 울릉도는 영구히 조선에 속한다는 公文을 만들어 주고 贈物도 많았는데, 대마도를 거쳐서 나오는 길에 공문과 증물을 죄다 대마도 사람에게 빼앗겼다 하나, 그 말을 반드시 믿을 만하다고 여기지는 않았습니다마는, 이제 안용복이 다시 백기주에 가서 呈文한 것을 보면 전의 말이 사실인 듯합니다. ② 안용복이 禁令을 무릅쓰고 다시 가서 事端을 일으킨 죄는 진실로 주살하지 않을 수 없습니다. 그러나 대마도의 왜인이 울릉도를 竹島라 거짓 칭하고, 강호의 명이라 거짓으로 핑계대어 우리나라에서 사람들이 울릉도에 왕래하는 것을 금지하게 하려고 중간에서 속여 농간을 부린 정상이 이제 안용복 때문에 죄다 드러났으니, 이것은 또한 하나의 快事입니다. 안용복에게 죄가 있고 없는 것과 죽여야 하고 죽이지 말아야 하는 것은 우리나라에서 천천히 의논하여 처치할 것이고, 대마도에 주는 쌀·베·종이를 줄이는 자질구레한 일은 다 거론하는 것이 마땅하지 못하나, 울릉도를 變幻하고 속인 정상에 관계되는 일에 이르러서는 이 기회로 인하여 東萊府로 하여금 대마도에 글을 보내어 조목으로 열거하여 힐문해서 명확하게 분별하여 매우 배척하지 않을 수 없습니다. 저들이 만약에 다시 교묘히 꾸며서 승복하여 말하지 않는다면, 우리나라에서 또 글을 보내어 묻기를,「너희가 두 나라 사이에 있으면서 모든 일에 이렇게 신의가 없으니, 안용복이 풍랑에 표류한 殘弱한 백성으로서 國書가 없이 스스로 呈文한 것은 진실로 믿을 수 없으므로, 조정에서 따로 使臣을 일본에 보내어 그 虛實을 살피게 하려는데, '너희는 장차 어떻게 처치하겠는가?' 하면, 대마도의 왜인이 반드시 크게 두려움이 생길 것입니다. 그런 뒤에 안용복의 죄를 우리나라에서 그 경중을 의논하여 처치하고, 울릉도의 일은 왜인이 감히 다시 입을 열지 못하게 하면, 교활한 왜인이 시험하여 보려는 생각을 조금 줄일 수 있을 것이니, 이것이 상책입니다. 그렇게 할 수 없다면, 또한 동래부로 하여금 島主에게 글을 보내어 먼저 안용복이 마음대로 정문한 죄를 말하고, 다시 本島에서 죽더라고 거짓 칭한 잘못을 말하되, 이치를 가려서 타이르고 자세히 措辭하고서 그 회답을 기다란 뒤에 처치하는 것이 옳겠고, 안용복을 斷罪한다는 뜻은 결코 書契 가운데에 말하여서는 안 되니, 이것이 中策입니다. 대마도에서 간사한 술책으로 우리를 속인 정상은 힐문하지 않고서 버려두고, 안용복이 정문하여 辨正한 죄는 먼저 논하여 죽인다면, 도주의 원한을 면하고자 하는 것으로 매우 약한 것을 보이는 것입니다. 또 도주의 뜻은, 속으로는 원한을 푼 것을 다행스럽게 여기더라도 겉으로는 반드시 분명하게 우리에게 감사해 하지 않을 것이니, 이 뒤로 모든 일에 조금이라도 뜻대로 되지 않는 것이 있으면, 반드시 안용복의 일을 핑계거리로 삼아 우리나라를 모욕하고 협박하는 말의 근본을 삼고 오래지 않아 울릉도의 일로 말을 고집하여 잇달아 差人을 보낼 것인데, 우리가 어떻게 감당하겠습니까? 이것은 下策일 듯합니다.' 하였습니다. 외방에 있는 대신의 뜻은 다 안용복을 죽이는 것을 옳지 않다 하나, 남구만의 상책은 쉽사리 의논하기 어려울 듯합니다. 안용복을 죄주지 않고 오로지 대마도를 꾸짖으면, 마치 국가에서 시킨 것인 듯 할 것이니, 安龍福·李仁成은 우선 그대로 가두어 두었다가 영상이 出仕하기를 기다린 뒤에 처치하고, 그 나머지 위협 때문에 따른 자는 이미 살리는 의논에 붙였으니, 먼저 석방하여야 하겠습니다."하니, 임금이 말하기를, "領相이 출사한 뒤에 상의하여 稟處하고, 사람들은 먼저 놓아 보내도록 하라."하였다. 知事 申汝哲이 말하기를, ③"안용복의 일은 매우 놀랍기는 하나, 국가에서 못하는 일을 그가 능히 하였으므로 공로와 죄과가 서로 덮을 만하니, 一罪로 결단할 수 없겠습니다."하고, 윤지선이 말하기를, ④"안용복을 죽이지 않으면, 末世의 간사한 백성 중에 반드시 다른 나라에서 일을 일으키는 자가 많아질 것이니, 어찌 죽이지 않을 수 있겠습니까?"하니, 임금이 말하기를, ⑤"영상이 출사한 뒤에 처치하라." 하였다.5)

긴 내용이지만, 논지를 위해 인용하였다. 안용복 사건은 단지 무명소졸이 벌인 단순한 범법행위가 아니라 국가대사에 관계되는 중대 사안임을 보여준다. 1696년 9월 27일의 조정 회의에 이어 다시 논란한 대목이다. 서두는 좌의정 윤지선이 여러 대신에게 물은 것을 숙종에게 다시 진술하는 내용이다. ①은 領敦寧 尹趾完에게 들은 것을 전언한 것이다. 윤지완은 '안용복의 행동이 국가의 책무로 한 것이라면 놀라운 성과이겠지만, 사적 차원에서 國事를 행한 것이어서 死罪에 해당됨을 밝혔다. 이와 함께 안용복의 일본 渡海는 에도막부와 교통하는 새 길을 개척한 사실은 높이 샀다. 새 항로의 개척은 국가 계책과 관련된 것이기 때문에 고려할 필요가 있다는 것을 주목한 것을 의미한다. 결국 윤지완은 안용복의 행위를 두고 실정법과 국가 계책을 함께 감안하여 안용복 사건의 처리를 주문한 셈이다.

②는 領府事 南九萬의 발언이다. 먼저 일본에서 인용복이 한 행동과 그가 견문한 내용은 사실임을 강조한다. 이를 감안하면 안용복의 울릉도 쟁계는 국가 대사에 해당되기 때문에 성급하게 처리해서는 안된다는 점을 분명히 한다. 안용복이 禁令을 어기고 일본에 다시 건너가 事端을 일으킨 것은 死罪임은 분명하다. 하지만 대마도가 울릉도를 竹

---

5) 한국고전번역원, 한국고전종합 DB, 국역 『조선왕조실록』 숙종 22년(1696) 10월 13일조 참조.

島라 칭하며 울릉도를 차지하려는 간계를 막아낸 것과, 대마도의 간계와 그들이 농간을 부린 구체적 실상을 확인한 것은 모두 안용복의 공이다. 따라서 이는 국가의 통쾌한 일[快事]이기 때문에 오히려 국가적 공로가 있음을 주장하고 있다. 안용복의 공을 국가의 快事로 주장한 남구만의 주장은 주목할 만하다. 여기서 남구만은 시종 안용복의 행동을 적극 두둔하고 있다. 안용복 사건의 처리를 두고 상책·중책·하책으로 제시한 것이나, 대마도의 간계를 파악하고 이를 제지할 방안을 제시한 것은 이를 말한다. 남구만은 자신이 제시한 세 가지 방안은 모두 안용복 사건이 가져다 준 결과이므로, 그의 죄를 물어 죽이는 것은 급선무가 아니라는 점도 분명히 하고 있다. 남구만의 발언 이면에는 안용복이 국가적 난제를 해결하고, 대마도를 제어할 단조를 제공해 주었기 때문에 안용복의 실정법 위반은 사소하다는 점을 에둘러 말한 것으로 보인다.

③은 知事 申汝哲의 언급이다. 국가가 하지 못한 난제를 해결한 안용복의 공로는 그 죄과를 덮을 만하니, 그에게 죄를 물을 수 없다고 주장한다. ④는 윤지선의 주장이다. 개인 신분으로 외교 문제를 일으킨 안용복을 단죄하지 않으면 유사 사례가 발생할 가능성이 많으므로, 사전 방지를 위해 안용복의 단죄를 강력히 주청한다. ⑤는 숙종의 언급이다. 숙종은 대신들의 의견이 엇갈리자 선뜻 결정하지 못하고 영의정이 참석한 후에 재논의하기로 결정하고 있다. 이처럼 조정에서도 안용복의 울릉도 쟁계 사건을 쉽게 처리하지 못할 만큼 중요한 국정 현안으로 인식하였다.

이렇게 논란이 많았던 안용복 사건은 이후 어떠한 결말을 보았던가? 1696년 10월 13일에 숙종은 영의정이 참석한 어전회의를 통해 다양한 의견을 종합하는 선에서 사건을 마무리 한다. 결국 숙종은 미봉책으로 사건을 수습하는 모양새를 취하였다.

柳尙運이 말하기를, "安龍福은 법으로 마땅히 誅殺해야 하는데, 南九萬·尹趾完이 모두 가벼이 죽일 수 없다고 하고, 또 島倭가 서신을 보내어 죄를 前 島主에게 돌리고, 울릉도에는 왜인의 왕래를 금지시켜 다른 釁端이 없다고 하면서 갑자기 自服하였으니, 까닭이 없지 않는 듯 하니 안용복을 앞질러 먼저 처단할 수가 없다고 하였습니다. 그 뜻은 대체로 왜인의 기를 꺾어 자복시킨 것을 안용복의 功으로 여긴 것입니다."하니, 임금의 뜻도 그렇게 여겨 減死하여 定配하도록 명하였다.6)

숙종은 당시 영의정이던 유상운의 의견은 물론 남구만과 윤지완의 의견을 수용하여 유배를 보내는 선에서 사건을 마무리 짓는다. 숙종의 결정에는 대마도가 스스로 잘못을 자복한 것도 한 몫 한 바 있다. 대마도는 안용복 사건 이후 향후 조선과 울릉도를 쟁계하지 않고, 왜인을 그곳에 출입시키지 않겠다는 서계를 보냈기 때문이다. 하지만 숙종과 집권층은 안용복 사건의 처리 과정에서 비록 국가에 공이 있더라도 실정법을 어긴 점은 관용을 베풀 수 없다는 점을 명확히 한 것이다. 이러한 시각과 태도는 안용복의 애국적 행동과 그가 해결한 공을 지나치게 가볍게 본 것임은 물론이다. 요컨대 숙종을 비롯한 집권층은 지나친 법리적 틀에 갇혀 사고하고, 범법행위와 국가적 공훈 사이에서 시소게임을 하다가 결국 이율배반의 모순을 드러내고 말았다.

앞서 知事 申汝哲이 안용복의 행동을 두고 "국가에서 못하는 일을 능히 하였으므로 공로와 죄과가 서로 덮을 만하"기 때문에 죄를 줄 수 없다고 주장한 바 있거니와, 이러한 인식은 이후 안용복을 바라보는 시각과 일치한다. 더욱이 대신인 남구만은 이 결정에 의문을 가지

---

6) 한국고전번역원, 한국고전종합 DB, 『조선왕조실록』숙종 23년(1697) 3월 27일조 참조.

고 재차 문제를 제기한 바 있다. 그는 안용복의 범법행위는 死罪가 아니라는 사실을 적시하는 한편, 이보다 국가도 풀기 힘든 국가적 난제를 해결한 그의 능력에 주목한다. 이어서 인재 등용의 차원에서 국가가 안용복의 재능을 십분 활용하는 것이 더 나은 선택임을 제시하고 있다. 그의 주장 일부다.

> 안용복이 비록 외람되이 사단을 만들었다고 하나 사람됨이 녹록하지 않은 듯하니, 위급할 때에 혹 쓸 만할 것입니다. 張俊의 花園에 있던 늙은 병졸도 해외의 여러 나라에 大宋回易使라고 칭하였으니, 진실로 그 일이 국가에 해로움이 없다면 하필 죽이기까지 할 것이 있겠습니까. 또 이 사람이 울릉도는 우리나라에 속한다는 사실을 두 번이나 일본에 가서 분변하여 밝혔는데, 우리나라에서 그를 죽인다면 이는 대마도 왜인들의 마음을 통쾌하게 해 주는 것이요, 대마도의 기세를 등등하게 하여 간악함을 더 자라나게 하는 것입니다. 그리고 우리 측에서 울릉도가 반드시 우리 땅이라는 뜻을 발명하고자 한다면 그 형세가 이로 인하여 꺾이고 굽히는 바가 생길 것이니, 어떻겠습니까. 이 곳에 온 비변사 낭관을 통하여 들으니, 비변사 宰臣들의 뜻도 굳이 안용복을 죽일 필요가 없다고 말하는 자가 있다 하니, 바라건대 다시 물어서 조처하시는 것이 어떻겠습니까.[7]

남구만은 유상운에게 답서하며 국가를 위해 굳이 안용복을 죽일 필요까지 없다고 주장한다. 무엇보다 안용복의 사람됨이 녹록하지 않으므로 비상시에 국가가 쓸 만한 인재임을 적극 제시하였다. 여기에 그치지 않고, 남구만은 안용복의 능력을 南宋의 명장이었던 장준의 사

---

7) 한국고전번역원, 한국고전종합 DB, 국역 『藥泉集』 권31, 「答柳相國丙子十月五日」 참조.

례8)에 빗대는 한편, 오히려 장준보다 국가에 더 공이 많음을 제시한다. 더욱이 그는 인재등용에 신분이 문제가 되지 않고, 인재를 적재적소에 등용하는 것이 중요하다고 한 다음, 조정 대신들의 중요한 임무 역시 인재등용임을 상기시킨다. 이는 자국 강역을 수호한 안용복의 애국 행위에 눈감고 실정법에 갇혀 국가적 인재를 죽이는 것은 불가하다는 것을 의미한다. 더욱이 남구만은 이러한 자신의 주장은 지나치지 않은 것이라 제기하고, 직접 안용복을 조사한 비변사의 宰臣들도 의견을 제시하며 자신의 주장에 힘을 보태고 있다. 남구만의 변론에도 불구하고 결국 안용복은 결국 유배형에 처해졌다.

하지만 이후 많은 문헌들은 이러한 결정을 비판하는 한편, 안용복의 행동을 애국행위로 추켜세우며 재조명한다. 몇 가지 대표적인 사례를 제시한다.

① 조정의 의론은 모두 안용복의 죄가 참형에 해당한다고 하였으나, 敦寧府 尹趾完과 領中樞 南九萬 만은, '그를 죽이는 것은 대마도의 분함을 씻어 주는데 족할 뿐이다. 그리고 **안용복은 위인이 걸출**하고 용렬한 자는 아니다. 마땅히 그를 살려서 후일에 쓰임이 되도록 해야 한다.'고 주장하여, 마침내 귀양을 보내는데 그쳤다. 일본이 그 뒤로 지금까지 울릉도가 저희네 땅이라고 주장하지 못하는 것은 다 **안용복의 공적**이다.9)

---

8) 장준의 고사는 대략 이러하다. 장준이 뒤뜰에서 낮잠을 자는 늙은 병졸을 보고 꾸짖자, 그는 할 일이 없어 그리한다고 대답하였다. 장준이 그의 재능을 묻자, 무역을 잘할 수 있다고 대답하였다. 이에 그에게 많은 돈을 주었더니, 큰 배를 만들어 가무를 잘하는 미녀 100여 명과 중국에서 생산되는 온갖 보화와 비단, 과일 등을 가득 싣고 해외로 가서 大宋回易使라고 칭하고 무역을 통해 많은 명마와 귀중한 보물들을 사 가지고 돌아 왔고, 마침내 장준의 군영에는 군마가 풍족하여 최고로 강성한 군대가 될 수 있었다는 것이다.

② 고려 때에 徐熙와 朴宜中이 잘 대답하지 않았더라면 북쪽 지역을 모두 잃었을 것입니다. 옛날로 말하자면 箕子의 강토는 지금 遼東의 전 지역과 遼西의 義州 및 廣寧 以東이 모두 조선의 강토에 속하였으니, 중국의 史書를 보면 알 수 있을 것이고 또한 제가 편찬한 『東史地理考』 가운데에도 자세히 기록되어 있습니다. 海島로 말하자면 肅宗 계유년(1693년)에 安龍福이 없었다면 鬱陵島가 필시 倭人들에게 占據당했을 것입니다.10)

①은 19세기 초 국가가 편찬한 『萬機要覽』의 내용이다. 『萬機要覽』은 1808년에 徐榮輔와 沈象奎 등이 왕명에 의해 편찬한 것이다. 여기서 敦寧府 尹趾完과 領中樞 南九萬을 거론한 것은 숙종 대에 안용복 사건을 잘못 처리한 것의 지적일 터, 논조는 앞서의 남구만이 주장한 것을 그대로다. 실정법 차원이 아니라 울릉도를 우리 강역으로 재편입한 안용복의 공을 먼저 주목했어야 마땅하다는 논리다. 이는 안용복의 행동이 외교 문제를 야기한 것이 아니라, 강역을 회복한 국가적 공로가 있다고 인식한 결과다.

②는 순암 안정복의 언급이다. 그는 안용복의 공을 고려시대에 북방 영토를 자국 영토로 편입한 徐熙와 朴宜中의 그것에 비기고 있다. 외국과 강역 문제를 해결하는 데는 신분과 지위는 물론, 公私의 문제도 따져 물을 것도 없다는 것이 그의 주장이다. 강역 문제를 해결하는 것이 우선이라는 그의 주장은 마치 등소평의 黑猫白猫論을 연상시킨다. 이 언급을 통해 볼 때, 강역문제를 해결한 상징적 인물로 안용복을 주목하

---

9) 한국고전번역원, 한국고전종합 DB, 국역 『萬機要覽』, 「軍政編」 '東海'조 참조.
10) 한국고전번역원, 한국고전종합 DB, 국역 『順菴先生文集』 卷7, 「與李廷藻家煥書 乙酉」.

는 한편, 역사 공간에서 끄집어내어 재조명하고 있음을 알 수 있다.
　　요컨대 18세기 이후 대부분의 기록은 안용복 사건을 두고 범법행위와 애국행위를 대립시켜 보는 시선은 없다. 오직 안용복의 애국적 활동과 울릉도 쟁계를 해결한 공을 주목하고, 강역을 수호한 상징인물로 호출할 뿐이다.

안용복의 기억과 변주-국가적 영웅의 탄생과정

　　앞서 안용복의 행위를 둘러싸고 다양한 시선이 존재함을 살펴보았다. 당시 숙종과 집권층의 처리과정도 보았다. 하지만 사건 당시 안용복을 범죄자로 인식한 것과 달리 18세기 이후 기록은 도리어 안용복을 강역 수호의 애국 인물로 포착하고 있다. 이러한 역전 현상은 1712년 백두산 정계 사건 이후 강역의식의 제고와 함께 확산되고,[11] 지리지 편찬과 지도제작 과정에서 울릉도 귀속 문제를 분명히 하는 망외의 효과도 가져왔다.

　　실제 조선조는 安龍福 사건을 계기로 울릉도의 영유권을 수호하고, 海防政策에서의 성과를 확인한다.[12] 숙종은 안용복 사건 이후 1694년에 삼척첨사 張漢相에게 울릉도에 직접 가서 搜討하여 그 결과를 비변사에 보고하도록 하고, 또한 「鬱陵島地圖」를 제작하도록 명함으로써 울릉도를 자국의 강역임을 분명히 한다.[13] 이후 조선조는 3

---

11) 백두산 정계 사건 이후 18세기 백두산의 문학적 형상과 백두산 기행을 조명한 산수유기를 비롯하여 백두산 인식의 변화에 대해서는 진재교(2000), 115~154면; 강석화(2011), 195~224면 참조.
12) 숙종 대의 해방 정책과 성과의 경우, 정은주(2011), 66~68면 참조.
13) 국사편찬위원회, 한국사 데이터베이스『비변사등록』제48책, 숙종 20년(1694) 10월 15일조 참조. "비변사에서 아뢰었다. "삼척첨사 張漢相이 지난달 19일 배

년에 한번 월송 만호와 삼척영장을 울릉도에 번갈아 파견하여 수토한 것은 안용복 사건이 가져다 준 강역수호 의지의 일단인 셈이다.14) 실제 지리지 편찬과정에서도 안용복 사건의 충격은 적지 않은 바, 조선조는 지리지 편찬 시에 울릉도를 자국 강역 안에 포함시켜 논한다. 이를테면 18세기 중엽 관찬지리지인『輿地圖書』15)는 강원도 蔚珍縣 들머리에 울릉도를 포함시켜 선명한 채색으로 지도와 함께 지리 정보를 담은 것은 하나의 예다. 18세기에 나온 관찬지도인『海東地圖』도 같은 맥락으로 이해할 수 있으며,16) 사찬지도인17) 鄭尙驥(1678-1752)

를 띠워 울릉도에 도착하고 이달 초 6일에 삼척에 돌아왔습니다. 초 9일에 그 군관을 시켜 비변사에 馳報할 문서 및 地圖를 갖고 와서 바쳤습니다. 바람이 센 계절을 맞이하여 일행 員役이 모두 무사히 돌아왔으니 참으로 다행한 일입니다. 장한상이 보고서와 지도를 올렸으니 睿覽에 대비하여 이를 함께 봉해 바칩니다. 감히 아룁니다."라고 하니, 알았다고 답하였다.[司啓辭三陟僉使張漢相, 去月十九日發船到蔚陵島, 今月初六日還到三陟, 初九日, 使其軍官, 持馳報備邊司文狀及地圖來納, 當此風高之節, 行中員役皆得無事回來, 誠爲多幸, 張漢相, 上送報狀及地圖, 竝爲封進, 以備睿覽之意, 敢啓, 答曰, 知道.]" 이 내용은 1694년 7월 4일 영의정 南九萬이 삼척첨사를 시켜 울릉도를 搜討케하여 倭人이 틈을 노리는 일을 막자고 주청하자, 숙종이 이를 시행한 결과이다.

14) 『영조실록』권40, 영조 11년 1월 13일조 참조.
15) 『輿地圖書』는 1757년~1765년에 각 읍에서 편찬한 읍지를 모아 편찬한 55책의 관찬 邑誌다. 최근에『여지도서』가 공동 작업으로 완역이 되었다. 강원도 부분은 김우철(2009) 참조.
16) 지도에 울릉도를 그려 놓은 것은 17세기 말 이전에도 있었다. 하지만 안용복 사건을 계기로 울릉도를 보다 정확하게 재인식하고, 지도에 울릉도를 정확하게 그려 넣는 계기를 주었다. 이를 통해 울릉도가 자국의 강역임을 분명히 하고, 이러한 시선으로 울릉도를 바라본다는 점에서 안용복의 울릉도 쟁계와 그 이후 강역의식의 제고는 연결될 수 있을 것이다.
17) 이 지도는 1750년대 초반에 제작된 것으로, 모두 8책의 채색필사본이다. 조선전도와 도별도, 군현지도 뿐만 아니라 세계지도인「天下圖」를 비롯하여「중국도」·「왜국지도」·「유구지도」등, 외국지도와「요계관방도」와 같은 군사지도를 두루 갖추고 있다. 여기에서도 울릉도를 선명하게 그려 넣고 있다.

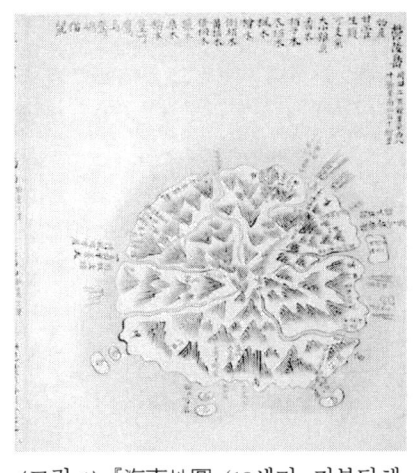

〈그림 1〉『海東地圖』(18세기, 지본담채, 규장각)

의 『東國地圖』 역시 마찬가지다. 『東國地圖』에서 정상기는 울릉도와 우산도를 상세하고 구체적으로 그린다.18) 본래 우산도는 『東覽圖』에 처음 보인다. 이전 지도는 우산도를 울릉도의 서쪽에 그리던 것이 관례였지만, 안용복 사건 이후 실제 지리에 맞게 우산도를 울릉도의 동쪽에 포착한다. 지도에서 우산도가 제 위치를 찾은 것은 18세기 울릉도 지도의 특징이기도 하다.19) 이 역시 안용복 사건과 무관하지 않으며,20) 이 시기 국토관의 변화와 강역인식의 변화를 알려주는 중요한 사례로 이해할 수 있다.21)

그런데 여기서 주목할 사안은 지도 편찬과 지리지 편찬 이후 울릉

---

18) 鄭尙驥가 제작한 『東國地圖』는 최초의 축척이 표시된 지도로 모두 9장의 지도첩이다. 全國地圖와 42만분의 1 축적의 道別地圖로 구성되어 있는데, 도별지도 8장을 합치면 전국도가 되도록 축척을 일치시킨 현재 지도와 매우 가까울 정도로 정확하다. 이 지도는 대축척 지도 발달에 획기적인 역할을 하였을 뿐 아니라 당시로서는 가장 정확한 지도였다. 이 지도를 본 영조는 감탄과 함께 홍문관과 비변사에 비치하도록 하였다. 신경준과 이익 등 당시의 여러 실학자들도 찬사를 아끼지 않았다.

19) 배우성(1998), 327~329면 참조.

20) 안용복 사건 이후 조정에서 울릉도에 정기적으로 수토관을 파견하여 실제 지도를 그려 올리도록 한 것과 물산과 실태를 조사하여 보고하게 한 것을 관련시키면 이해할 수 있다.

21) 울릉도 인식과 조선조 후기 지도에서의 울릉도 수용에 대해서는 오상학(2006), 78~101면 참조.

도를 구체적으로 인식한 점이다. 星湖 李瀷이 안용복 사건의 처리과정에서 붉어져 나온 子山島의 표기문제를 于山島로 정확하게 파악한 다음, 우산도는 울릉도의 서쪽 섬이 아니라 동쪽 섬으로 정확하게 비정한 것은 이를 보여준다. 일본에서 松島라 부르는 이 섬의 소속을 울릉도의 부속 섬으로 규정한 것도 안용복 사건 이후의 일이다.[22] 18세기 이후 문사들은 이러한 시대적 조류에 부응하여 자국 공간과 강역을 지켜낸 인물을 주목하고 거기에 역사적 의미를 부여하였거니와, 18세기 이후 안용복을 豪傑로 혹은 영웅적 모습으로 주목한 것은 우연히 아닌 것이다.

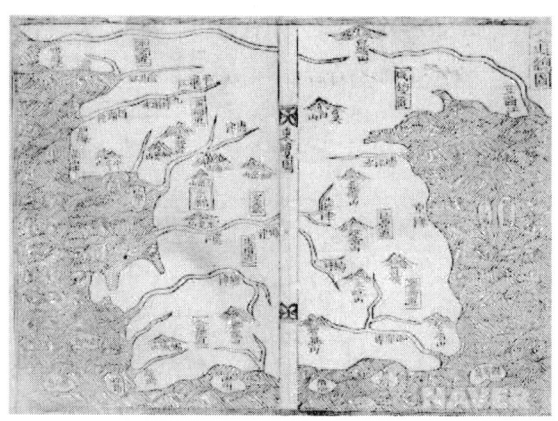

〈그림 2〉『東覽圖』 1530년 목판본, 32.6×21.6cm, 개인소장

이처럼 18세기 초 집권층과 일부 지식인들은 지리지 편찬과 지도제작 과정에서 안용복 사건을 새로운 시각으로 바라보면서 역사공간에서 호출하여 애국인물의 상징으로 부활시킨다. 이는 숙종과 당시 집권층의 결정을 뒤집는 역사적 아이러니지만, 강역의식의 제고 상황에서 나올 수밖에 없는 것이기도 하다.

---

22) 한국고전번역원, 한국고전종합 DB, 『성호사설』 권3, 「천지문」, '울릉도' 참조.

그러면 실제 18세기 이후 기록은 안용복을 어떻게 기억하고 있던가? 대표적인 사례만 든다. 먼저 국왕 정조의 언급이다.

① 나라의 습속이 전전긍긍하며 앞뒤로 두려워하여 연약하게 모가 없는 것을 어질다고 한다. 그러므로 그중 한 사람이라도 세속에 얽매이지 않은 인물이 나오면 떼로 일어나 지목하여 떠들어 댄다. 예를 들어 安龍福 같은 사람은 어찌 **奇傑스러운 인물**이 아니겠는가. 그러나 당시 조정 의논이 모두들 기필코 죽이려고 하였다. 만약 정승 남구만의 한마디가 없었더라면 거의 죽음을 면하지 못했을 것이다. 풍속의 숭상하는 것이 이렇게 협소하고 박절하니, 설사 호걸스런 인재가 있다 하더라도 어떻게 용납을 받겠는가.[23]

② 옛날에 東萊水軍에 소속된 安龍福이라는 자는 단신으로 倭의 朝廷에 들어가서 울릉도를 두고 면전에서 왜놈 추장을 상대로 면전에서 꾸짖어 조금도 기가 꺾이지 않았고, 이후부터 왜인들이 다시 울릉도를 넘보지 못했다고 한다. 만약 그러한 인물을 시켜 변방을 지키게 하였더라면, 아마 **漢高帝의 용맹한 軍士**가 되고도 남았을 것이다.[24]

전 시대 숙종과 집권층이 실정법을 위반한 범죄자로 안용복을 규정한 것과는 사뭇 다른 인식이다. 전대의 결정을 노골적으로 비판하거

---

[23] 한국고전번역원, 한국고전종합 DB, 국역 『弘齋全書』, 『日得錄』, 「人物」 참조. "國俗以畏首畏尾, 軟懦沒稜角爲賢. 故一有跅弛之士, 出於其間, 則羣起而咻之. 如安龍福者, 豈非奇傑之類? 而其時朝議, 皆欲必置之法, 若無南相一言, 幾乎不免. 俗尙之迫隘如此, 雖有豪傑之才, 何能容也?" 문맥상 어색한 번역은 윤문하였다.

[24] 한국고전번역원, 한국고전종합 DB, 국역 『弘齋全書』, 「翼靖公奏藁軍旅類叙」, "昔有東萊水軍安龍福者, 單身入倭庭, 爭鬱陵島, 面折倭酋, 不少挫, 而倭人不復窺鬱陵. 若使此人者守邊, 顧不害爲漢高帝之猛士矣." 문맥상 어색한 번역은 윤문하였다.

나, 그 잘못을 구체적으로 드러내지는 않고 있지만, 시종 비판적 시선으로 바라보고 있다. 정조는 국가가 우선시해야 할 것이 무엇인 지 분명히 하였다. 그는 훌륭한 인재의 발탁과 강역의 수호가 최우선임을 강조한다. 이는 결과적으로 안용복을 범법자로 취급한 숙종의 잘못된 결정을 에둘러 비판한 것이기도 하다.

①에서 정조는 안용복의 범법행위에 전혀 시선을 두지 않는다. 오히려 남구만이 안용복을 구하려 한 시각과 태도를 정당한 것으로 본 반면, 숙종과 대다수 조정 대신들의 안용복 사건 처리를 '협소하고 박절'한 것으로 평하고 있다. 이러한 조정의 태도와 박절한 풍속의 숭상 속에서 안용복 같은 호걸스런 인재가 나올 수 없다고 단언한 것 역시 당대 집권층과 세태의 비판에 다름 아니다. 정조의 이러한 시각과 태도는 안용복의 행동에 역사적 정당성을 부여하는 것일 뿐만 아니라, 이제 안용복은 역사 공간에서 범법자에서 호걸스러운 인재로 전환됨을 의미한다. 당대 국왕이 선대 국왕의 결정과 역사적 평가를 뒤집는 것은 이례적이다. 어쨌거나 정조는 안용복을 奇傑한 인물로 인식하고, 그의 울릉도 쟁계에 역사적 정당성을 부여함으로써 안용복을 국가적 영웅으로 복권시키고 있다.

②의 언급도 마찬가지다. 간계로 울릉도를 차지하려는 일본의 야욕을 꺾은 것은 물론, 그 과정에서 일본의 집권자들에게 시비곡절을 당당하게 따져 강역 문제를 해결한 안용복의 행동을 높이 산 언급이다. 이어서 정조는 울릉도를 우리 강역으로 편입한 공을 안용복에게 돌리는 한편, 그의 활약과 능력을 평가하고 역사적 인물로 주목하고 있다. 18세기 이후의 사료들 역시 정조의 시각과 같은 시선을 보여준다. 몇 사례를 든다.

① 나는 생각건대, **안용복은 곧 영웅에 짝한다.** 미천한 일개 군졸로서 만 번 죽음을 무릅쓰고 국가를 위하여 강적에 맞서서 간사한 싹을 꺾어 버리고 여러 대를 끌어온 분쟁을 그치게 하고서 한 고을의 강토를 회복시켰다. 저 漢나라의 傅介子와 陳湯에 비하더라도 그 일은 더욱 어려운 것이니, 영특한 자가 아니면 할 수 없는 일이다. 그런데도 조정에서는 상을 주지 않을 뿐만 아니라, 이전에 형벌을 주었다가 그 뒤에는 귀양으로 감형하여, 그 의지를 꺾어버리는 것조차 주저하지 않았으니, 참으로 애통한 일이다. 울릉도는 비록 척박하다고 말을 하지만, 대마도 또한 농토가 몇 尺 되지 않아서 왜인의 소굴이 되어 역대로 우환거리가 되고 있다. 울릉도를 한 번 빼앗긴다면, 이는 또 하나의 대마도가 불어나는 것이니 앞으로 오는 禍亂을 어찌 이루 다 말할 수 있겠는가? 이것을 가지고 논해 보자면, 안용복은 한 세대의 공적을 세운 것뿐만 아닌 것이리라. 고금에 張循王의 花園老卒을 호걸이라고 칭송하나, 그가 이룩한 일은 大商巨富에 지나지 않았으며, 국가의 큰 계책에는 도움이 없었다. 안용복과 같은 경우는 국가의 위급한 즈음에 항오에서 발탁하여 장수의 등급으로 등용하고 그 뜻을 행하게 했다면, 그 성취한 바가 어찌 여기에만 그쳤겠는가?[25]

② 저 안용복이라는 사람은 하찮은 한 천한 사람인데도 저 나라의 본토와 변방 사람의 인품이 다른 것을 환하게 알아, 이에 나라 일을 짊어진 것을 자신의 임무로 삼아 큰소리로 바다를 열고 배를 부려 대마도로 가서 강함과 부드러움을 스스로 조화시키고 지략과 용맹을 번갈

---

[25] 『星湖僿說』권3, 「天地門」, '鬱陵島' 참조. "愚按安龍福, 直是英雄儔匹. 以一卒之賤, 出萬死之計, 爲國家, 抗强敵折奸萌, 息累世之爭, 復一州之土. 比諸傅介子·陳湯, 其事尤難, 非傑然者不能也. 朝廷不惟不之賞, 前刑後配, 摧陷之不暇, 哀哉! 鬱陵縱云土薄, 馬島亦土無數尺, 而爲倭所窟宅, 歷世爲患. 一或見奪, 是增一馬島, 方來之禍, 何可勝言? 以此論之, 龍福, 非特一世功也歟. 古今稱張循王花園老卒, 爲人豪然, 其所辦, 不過大賈販殖之間, 其於國家計策, 未必優焉. 若龍福者, 當危難之際, 拔之行伍, 借之翼角, 得行其志, 則所就豈止於斯?"

아 알맞게 사용하여 대마도 사람들의 악행을 본토에 알렸다. 한 번의 행동으로 우리나라의 위신을 떨쳤으니, 늠름하기가 藺相如와 甘延壽와 같은 遺風이 있었다. 아! 또한 그는 人傑이로다. 나는 그래서 말한다. "대마도의 왜구가 여태껏 제멋대로 행동하지 못하는 것은 우리나라에 다시 안용복이 있을까 두려워하기 때문일 것이다."26)

③ 이에 왜가 다시 기만할 수 없다는 것을 알고, 동래부에 글을 적어 사죄하면서 "감히 다시는 사람을 보내 울릉도에 이르지 못하게 하겠습니다."라 하였다. 당시 조정에서는 울릉도를 잘라 왜에 주려고 하였지만, 저 안용복은 나라로부터 부여받은 무거운 직분이나, 엄한 명령을 받는 것도 아닌데, 죽을힘을 내어 만 여리나 되는 저 바다와 육지를 건너가 아이를 꾸짖듯 교활한 왜를 꾸짖고, 매마도의 간교한 모의를 끊어버려 울릉도 모든 섬을 왜에 편입시키지 않도록 하였으니 그 공은 장하다고 할만하다.27)

④ 나는 일찍이 울릉도를 포기한 것을 괴이하게 여겼다. 중간에 왜가 우리를 떠보며 트집을 잡아 비난하였다. 마침내 동래의 능로군 안용복이 분노에 차 바다를 건너 왜로 들어가 바르게 다투니 왜가 감히 다시 말하지 못하였다. 우리나라가 영토 중의 지방에 있는 것을 방치한 것이 예부터 이와 같다. 때문에 대마도가 본디 신라에 속했는데, 비워두어 끝내 왜노가 점거하여 지금 우리 마음과 몸의 병이 되어 단지

---

26) 『和國志』,「安龍福傳」, "彼安龍福者, 以眇少一賤人, 灼見彼國內外人品之不同, 乃能擔國事爲已務, 喝開滄溟, 使舟如馬, 剛柔自濟, 智勇交周, 揚馬人之惡於內地, 張國威於一行, 凜然有藺相如, 甘延壽遺風. 噫! 亦人傑也已矣. 余故曰, '馬倭之尙不專恣者, 畏我國之復有安龍福也.'"

27) 『碩齋稿』권9, '海東外史', '安龍福', "於是, 倭知不可復誑, 貽書萊府謝曰, 不敢復遣人至欝陵. 當是時, 朝廷議割欝陵島以予倭, 彼龍福者, 非有職司之重命令之嚴, 而出萬死之力, 跋涉水陸萬有餘里, 叱狡夷如小兒, 折馬島之奸謀, 使欝陵全島不入於倭, 其功可謂壯矣."

뒷사람의 한을 일으킬 뿐이다.[28]

　①은 『성호사설』의 기록으로 안용복 사건을 평가한 부분이다. 여기서 성호는 안용복을 영웅으로 규정한다. 이러한 규정은 안용복 사건과 안용복의 행동을 바라보는 성호의 안목이자 시각의 일단이다. 강역을 되찾은 안용복의 애국적 행위를 두고 영웅으로 규정했으니, 성호의 인식에 안용복의 실정법 위반은 문제가 되지 않는다. 더욱이 성호는 안용복의 행동을 "만 번 죽음을 무릅쓰고 국가를 위하여 강적과 겨루어 간사한 마음을 꺾어버리고 여러 대를 끌어온 분쟁을 그치게 하고", "고을의 토지를 회복"한 역사적 거사로 제시하고, 그의 행동은 傅介子와 陳湯[29]보다 뛰어난 일로 본다. 여기에다 성호는 외교에서 늘 우환거리로 존재한 것이 대마도였는데, 안용복 덕에 울릉도가 또 하나의 대마도가 되지 않았음을 언급하고 있다. 이는 豪傑의 풍모이자, 국가가 위급할 때 장수로 등용할 수 있는 국가적 재목임을 강조한 것이다.

　②는 元重擧(1719~1790)의 「安龍福傳」 내용의 일부다. 원중거는 1763년 계미통신사에 참여하여 이국 체험을 『화국지』에 남긴 바 있는데, 그 말미에 「안용복전」을 두었다. 원중거처럼 안용복 개인을 입전한 사례로, 朴師洙(1686~1739)의 「安龍福傳」[30]과 李慶民(1814~1883)

---

28) 『五洲衍文長箋散稿』, 「天地篇一地理類」, '海浪島磕磕磯辨證說', "愚嘗怪抛棄鬱陵島, 間爲倭之嘗試, 多年相詰. 竟爲東萊艣軍安龍福, 切憤下海, 入倭爭辨, 倭不敢復言, 則我東之棄置域中地方者, 自古如是. 故爲馬島本屬新羅而空置之, 終爲倭奴所據, 至今爲吾心腹之疾, 徒起後人之恨而已也."

29) 傅介子는 漢昭帝 때 무신으로 大宛國에 사신 詔令으로써 樓蘭國과 龜玆國을 모두 복종시켰던 인물이며, 陳湯은 漢元帝 때 무신으로 西域副校尉로서 사신을 갔다. 그곳에서 그는 조직을 가칭하고 군사를 동원하여 郅支單于의 목을 베어 關內侯에 봉해졌다. 따라서 그는 뛰어난 무신외교관의 면모를 보여준다.

30) 朴師洙가 지은 것으로 알려져 있으나, 현재 그의 문집의 행방을 알 수 없어 구

의 「안용복전」을 주목할 수 있다. 그 중 원중거의 「安龍福傳」이 안용복의 울릉도 쟁계 사건과 안용복의 활략을 가장 흥미롭게 포착하고 있다.31) 인용 부분은 작가가 안용복의 생애를 평한 부분이다. 원중거는 안용복의 삶을 조명하면서, 춘추 전국시대 조나라의 뛰어난 명신인 藺相如와 前漢 元帝 때 흉노족을 섬멸하는 데 기여한 武將 甘延壽과 같은 傑人으로 규정한다. 원중거는 서두에서 안용복을 일본어에 능한 것을 묘사하는 한편, 말미에서 울릉도 영토 문제를 해결한 그의 지략과 용맹, 그리고 뛰어난 외교술을 특기하고 있다. 그는 정조와 마찬가지로 안용복의 행동을 범법 차원이 아니라, 자국의 강역을 지킨 애국적 모습을 주목하고, 여기에 방점을 두었다.

③의 윤행임의 시선과, ④의 이규경의 기술 역시 마찬가지다. 윤행임은 안용복의 공을 '壯'으로 규정한다. 이규경은 대마도가 본디 신라에 속했는데, 국가가 방치하여 결국 우환거리가 되고 말았음을 제시하고 울릉도 역시 대마도처럼 방치하여 그렇게 되지 않으란 법이 없을 터, 그렇게 되지 않은 것은 모두 안용복의 공이라 제시한다. 실정법과 관련된 범법자 안용복의 모습은 어디에도 없다.

이처럼 18세기 이후 기록은 안용복의 범법행위를 제시하기는커녕 국가적 영웅의 모습을 포착한다. 울릉도 쟁계 사건 당시 안용복을 범법자로 포착한 것과 달리, 18세기 이후는 이와 전혀 다른 모습을 기록하고 있다.

체적인 것은 확인할 수 없다.
31) 원중거의 「안용복전」의 구체적 분석과 그 의미에 대해서는 진재교(2009), 231~261면 참조.

▌ 맺음말

　안용복은 두 차례 일본에 건너갔다. 첫 번째는 표류하여 울릉도에 닿아 왜인 어부들에게 잡혀 갔고, 두 번째는 사람을 모집하여 스스로 일본으로 건너갔다. 그곳에서 안용복은 에도막부와 울릉도를 쟁계하여 그들의 간계를 막고 강역문제를 해결하였다. 사실 그는 미천한 신분[32]으로 국가에 목숨 걸고 절의를 지킬 지위에 있지도 않았고, 그럴 이유도 없었다. 그럼에도 불구하고 안용복은 일본으로 건너 가 대마도와 에도막부의 야욕을 꺾었다. 17세기 말 이후 안용복의 이러한 행동을 기록한 문헌은 적지 않게 남아 있다. 관련 기록은 사건 당시와 사건 이후의 서술이 갈린다. 사건 당시의 관찬기록은 안용복의 공을 인정하기보다, 실정법을 위반한 범법자로 보았다. 하지만 18세기 이후의 기록은 울릉도 쟁계에서의 애국적 행동을 주목하여 새롭게 기억하고, 그의 영웅적 행동을 역사 공간에서 호출하고 있다.

　국왕 정조는 안용복을 先代 肅宗의 결정을 에둘러 비판하고 당대 집권층의 태도와 시각을 정면에서 문제 삼음으로써 국가적 차원에서 안용복 사건을 재규정하고, 그의 행동을 재평가하였다. 정조는 국왕으로서 범법자가 아닌 애국 인물의 상징으로 안용복을 복권시킨 것이다.

---

[32] 안용복은 일본으로 간 뒤, 그곳에서 조사받았는데, 당시 그의 호패에 私奴로 적혀있었다. 이 때문에 안욕복의 신분과 관련한 다양한 해석이 나온 바 있다. 동래역관들이 왜관과 잠상하기 위하여 사노로 평계한 것으로 본 주장도 있고, 일본어에 능하였기 때문에 왜어 역관으로 본 경우도 있으며, 어떤 경우는 사노비로 보기도 하였다. 안용복과 관련한 국내 기록과 일본 기록을 두루 고려하면, 일단 그의 신분을 역관으로 볼 수 있는 지는 의문이다. 안용복의 신분과 관련한 논의에 대해서는 김호동(2009) 참조. 그리고 일본에서 안용복을 조사한 기록과 안용복의 신분과 나이 등에 대한 구체적인 정보는 권오엽(2011); 오오니시 토시테루(2011) 등 참조.

이후 기록들 역시 안용복을 애국 인물로 바라보고, 그의 강역수호를 국가적 거사로 인식하고 있다. 이러한 인용복의 행동은 백두산 정계 사건이후 제고된 강역인식의 전환과 함께 함께 지리지나 지도 편찬에도 일정한 영향을 끼친 바 있다. 사실 정조가 역사적 인물로 호출하여 복권시킨 것은 안용복을 국가적 영웅으로 인식한 정점을 보여주었다. 동시대 지식인들도 정조와 동일하게 안용복을 호출하여 강역의 상징 인물로 기억하거니와, 이것은 민족 자의식의 표출이자, 당대 강역 의식의 다른 모습에 다름 아니다.

正祖는 "변방을 튼튼히 하는 것은 나라 가진 자로서 먼저 해야 할 일이다."라 한 바 있거니와,33) 변방의 수호는 강역을 지키기 위한 것이다. 따라서 영토를 양보하거나 침탈당하는 것은 국가적 차원에서 어떤 경우라도 용인할 수 없다. 이 점에서 안용복의 행동은 역사적 의미를 지닌다. 안용복이 영토를 수호한 행동은 현 시점에서도 유효하다. 그런데 안용복의 울릉도 쟁계 이후, 20세기 초에 이르기까지 그를 기억하는 방향은 시기마다 달랐다. 조선조 후기 문사들은 강역의식의 상징 인물로 기억하는가 하면, 근대 전환기 지식인들은 애국계몽 운동의 일환으로 안용복을 주목한 바 있다. 특히 일제강점기 지식인들은 민족 해방 운동의 차원에서 안용복을 호출하였다.34)

▌ 진재교(성균관대학교 교수) ▌

---

33) 한국고전번역원, 한국고전종합 DB, 고전국역서, 『홍재전서』 권13 '序引' 6, 「翼靖公奏藁軍旅類叙」'邊圉引' 참조.
34) 근대전환기를 거쳐 일제 강점기 지식인들의 안용복 인식은 진재교(2009)에서 정리한 도표를 보면 잘 알 수 있다. 張志淵과 1920년대의 잡지『동광』, 1930년대의『別乾坤』, 安廓의『朝鮮武士英雄傳』, 그리고『동아일보』 등의 기사에서 알 수 있다.

【참고문헌】

『萬機要覽』, 한국고전번역원.
『備邊司謄錄』, 국사편찬위원회.
『日得錄』, 한국고전번역원.
『朝鮮王朝實錄』, 한국고전번역원.
『弘齋全書』, 한국고전번역원.
尹行恁, 『碩齋稿』
元重擧, 『和國志』
李圭景, 『五洲衍文長箋散稿』
李　瀷, 『星湖塞說』
南九萬, 『藥泉集』, 『한국문집총간』 131~132.
安鼎福, 『順菴先生文集』, 『한국문집총간』 229~230.

경상북도(2008), 『독도총서』, 경상북도.
권오엽(2011), 『일본 고문서의 독도 岡嶋正義古文書』, 선인.
김우철(2009), 『여지도서』, 디자인흐름.
김호동(2007), 『독도·울릉도의 역사』, 경인문화사.
배우성(1998), 『조선후기 국토관과 천하관의 변화』, 일지사.
송병기(2007), 『개정판 울릉도와 독도』, 단국대학교 출판부.
강석화(2011), 「조선 후기 백두산에 대한 인식의 변화」, 『조선시대사학보』 56권, 조선시대사학회.
김호동(2009), 「조선 숙종조 영토분쟁의 배경과 대응에 대한 검토」, 『대구사학』 제 94집, 대구사학회.
박병섭(2007), 「안용복 사건에 대한 검증」 한국해양수산개발원.
오상학(2006), 「조선시대 지도에 표현된 울릉도·독도 인식의 변화」, 『문화역사지리』 28호, 한국문화역사지리학회.

오오니시 토시테루 저, 권정 역(2011),『안용복과 원록각서』, 한국학술정보(주).
유미림(2007),「울릉도와 '울릉도 사적' 역주 및 관련 기록의 비교 연구」한국해양수산개발원.
정은주(2011),「고지도에 반영된 조선후기 연안 및 도서지역에 대한 인식」,『한국고지도연구』제3권 제2호, 한국고지도연구학회.
진재교(2000),「18세기의 백두산과 그 문학」,『한국한문학연구』제 26집, 한국한문학회.
진재교(2009),「元重擧의 '安龍福傳' 연구 : '안용복'을 기억하는 방식」,『진단학보』제 108호, 진단학회.

3장

일제시대 안용복의 기억과
영웅화

일제시대 안용복의 기억과 영웅화

김병우

▌머리말

최근 일본의 '아베정권'은 평화헌법 수정과 자위대의 일반 군대화를 통해 군사대국의 길을 모색하고 있다. 한국의 식민침탈의 과거사에 대한 사죄나 반성보다는 변명과 괴변으로 일관하고, 객관적인 사실조차 인정하지 않고 있다. 이런 와중에 일본의 '독도' 영유권 주장을 대한정책의 핵심으로 삼고 있다. 그러므로 한국의 입장에서는 독도 수호가 현실에 직면한 가장 시급한 과제일 뿐만 아니라 민족적 과제인 것이다.

독도는 일본의 영토가 아닌 것은 엄연한 역사적 사실이다. 독도는 한국의 고유영토였으며, 17세기에 이미 일본이 한국의 국토로 인정했다. 그렇게 만든 인물이 바로 안용복이다. 조선 숙종 19년 일개 어부에 불과했던 안용복이 두 차례나 일본을 왕래하면서 울릉도(독도) 영토문제를 제기했고, 그 결과 조선정부와 일본 막부는 서계를 통해 외교적으로 영토문제를 해결했다. 안용복의 행위는 신분과 상관없이 가히 영웅적이지만, 현재 일본은 안용복의 행적을 부정한다. 오히려 안용복에 대한 부정과 비판의 논리를 개발하여 자신들의 독도영유권 주장의 근거로 삼고 있다.

안용복과 그의 행적에 대한 인식은 한국과 일본의 독도 영유권 논쟁의 핵심이라 할 수 있다. 한국의 연구자들은 안용복이 이미 독도영유권을 매듭짓게 만든 인물이라고 주장하고, 일본은 안용복의 행적과 존재는 인정하면서도 그의 진술내용만은 믿지 않는다. 오히려 안용복을 거짓말쟁이로 폄하하면서 심지어 '악의 근원'으로 규정하기도 했다. 이런 점에서 안용복의 실제적 상(像)을 구체화하는 일은 매우 중요한 일이다.[1]

안용복에 대한 기록의 전형은 『숙종실록』과 『승정원일기』 등의 관찬사서라고 할 수 있다. 이것은 접위관 유집일이 안용복을 심문하고 보고한 내용을 토대로 하여 인물과 행적에 대한 소략한 내용만을 남기고 있어 사건 자체의 전모를 파악하는 데는 어려움이 있다. 안용복의 인적사항이나 가계, 신분 등에 대한 언급을 생략하여 안용복 인물 자체와 행적 전모를 이해하기 어렵게 만들었기 때문이다. 그럼에도 다행스러운 것은 쓰시마의 울릉도 탈취 음모 등 교활한 정상을 밝혀낸 공과를 분명히 하였다는 점과 당시 집권세력들의 안용복과 영토인식에 대한 편린을 남겼다는 점이다.

안용복의 행적과 영토분쟁 종식에 대한 역사적 평가는 성호 이익으로부터 시작되었고[2], 그의 후학들과 후대인들은 『성호사설』의 내용

---

[1] 일본이 조작한 안용복의 실체를 규명하려면 일본이 남긴 각종 사료를 철저히 분석해야만 한다. 이것이 바로 일본이 조작한 안용복을 극복하고 진정한 정체성을 확립하는 길이다. 대구한의대학교 안용복연구소는 일본이 남긴 기록의 입장과 목적에서 안용복의 실체를 규명하는 학술대회를 열어 진정한 조선인 안용복을 찾으려 했다. 그 결과는 김병우 외, 2015, 『일본이 조작한 안용복 상』, 안용복연구소학술총서4로 정리되어 참고 된다.

을 중심으로 베껴 쓰는 수준에서 안용복을 다루었다[3]. 이 과정에서 출신과 직업, 간단한 이력이 첨가되면서 안용복은 울릉도 영토문제 즉 '울릉도 쟁계'의 중심에 위치하게 되었다. 즉 영토와 외교가 핵심인 것이다.

일본 막부는 쓰시마를 통해 울릉도(독도)를 조선의 영토로 인정하였고, 영토를 회복한 조선은 울릉도 통치에 변화를 주었다. 이와 함께 울릉도와 안용복에 대한 기록도 조금씩 변하기 시작했다. 울릉도와 독도의 내력, 역사성과 자연환경 등에 관심을 가졌고, 안용복을 중심축으로 해서 진행된 외교적 문제와 해결 등이 종합적으로 기록되었다. 『춘관지』의 '울릉도 쟁계'가 이러한 정리의 일차적 결과이며[4], 안용복의 공은 일본(쓰시마)로부터의 울릉도 영유권 주장을 종식시킨 것으로 확정되었다. 근대에 이르기까지 안용복의 기록과 평가는 이 범주를 넘어서지 않았다[5].

식민시대의 역사적 과제는 독립(해방)이었다. 민족해방운동을 위해서는 민족의 영웅이 필요했다. 역사적 인물과 사실을 결합하여 항일의 지표로 삼는 일은 쉬운 일이 아니다. 이때 일본과 영토문제, 즉 영

---

2) 『성호사설』권3, 「천지문」 '울릉도'. 성호 이익은 안용복을 영웅으로 평가했다. 이러한 성호의 안용복 평가는 지금까지 변함없이 이어지고 있다.
3) 안용복에 관한 기록은 『여암전서』, 『화국지』, 『연경재전집』, 『오주연문장전선고』, 『청성잡기』, 『희조일사』, 『석재고』, 『순암선생문집』, 『난곡집』 등에 실려 있다. 안용복 관련기사는 김병우, 2015, 『한국이 기억하는 안용복-자료의 집성』에 정리되어 참고할 수 있다.
4) 『춘관지』권3, 「부록」 '울릉도쟁계'
5) 안용복의 행동에 대한 18세기 이후 20세기 초까지의 기록에 대한 검토와 재발견에 대한 연구가 진행되어 시기마다 안용복을 기억하고, 기억을 통해 끄집어내는 목적도 달랐다는 점이 밝혀져 있다. 진재교, 2009, 「元重擧의「安龍福傳」연구-'안용복'을 기억하는 방식-」, 『진단학보』108이 참고된다.

토를 잠식당한 현실에서 과거 영토를 지킨 인물로 안용복이 부각되었다. 그러므로 식민시대로 접어들면서 안용복은 민족적 이미지가 덧칠해지면서 영웅으로 거듭 나게 되었던 것이다.

안용복의 영웅화와 위인화를 통해 대중에게 알려지는 것은 1920년부터이다. 『독립신문』6)은 '독립을 상실한 자가 누구며 회복할 자가 누구요'라고 문제를 제기하면서 '안용복이 일개 통역으로 왜국에 나아가 알리고 울릉도를 환완한' 사실을 들면서 독립운동에 나설 것을 요구하였다. 안용복을 역사적 위인으로 지정함으로써 그와 같은 영웅적 활동이 국민들이 재현하기를 염원하는 것이었다. 그런데 『독립신문』은 안용복 행적을 구체적으로 밝히지 않았다. 다만 안용복을 독립운동 표상의 범주에 넣어 역사적 인물로 재현했다. 이것은 민족운동의 현실적 과제를 해결하기 위한 대안의 하나로 안용복과 그 이미지를 결합한 것이다.

안용복의 일생을 드라마틱하게 재구성한 것은 『일사유사』이다. 『일사유사』를 통해 민족적 인물로 거듭난 안용복은 『동광』, 『별건곤』, 『조선무사영웅전』에 계속 등장했다. 이 과정에서 안용복은 대중의 인물이 되었고, 역사적 인물의 위치를 점할 수 있었다. '울릉도 쟁계'라는 역사적 사실과 안용복의 행적, 그리고 평가가 현재성을 띠면서 영웅적인 인물이 되었다.

흔히 시대가 영웅을 만들고, 시대적 요청에 의해 인물이 만들어지거나 출현하여 그 시대의 과제를 해결하게 된다고 한다. 식민시대 재

---

6) 『독립신문』 1922년 8월 1일. '독립은 동포의 일체 부책' "...안용복은 一個通譯으로 倭國에 赴하야 鬱陵島를 還完한지라 個人으로도 能爲하거든 安定한 客地에서 夢囈만 하다가 自盡하고자 하난고 歲月을 다시 遷延치 말고 各其 固有한 義務를 즉행할지어다".

현되고 있는 안용복의 행적과 영웅적 삶에 대한 찬사는 분명 시대적 산물임에 틀림이 없으며, 이런 점에서 안용복이라는 인물에 대한 연구가 어려운 것이다.

본고는 식민지시대 안용복이 역사적 인물, 민족적 인물로 부각되는 과정을 검토하고자 한다. 민멸되어 가던 안용복이 어느정도 민족해방운동의 표상으로 작용하였을까 하는 의문 속에서 그의 대중적 성격을 살펴보고자 한다. 안용복의 영웅적 행동이 쾌걸, 쾌인용사로 소개되면서 식민지 현실에서 어느 정도 반향을 불러왔을까 하는 점도 고려할 것이다. 이것은 안용복의 행적이 오늘에 면면히 이어져 오게 된 前史를 이해하는 계기가 될 것이다. 한편으로는 영웅호걸 안용복이 진정한 모습으로 우리 곁에 돌아와 함께 하기를 염원하는 것이다.

▎『일사유사逸士遺事』의 호걸 안용복

세상 사람들이 잘 모르는 그야말로 숨어 있어 매몰의 지경에 있던 안용복을 세상 밖으로 끌어낸 사람은 민족 언론인으로 알려진 장지연이다[7]. '시일야방성대곡視日也放聲大哭'으로 유명한 그는 신분은 낮지

---

7) 장지연은 구한말 언론인으로서 언론자체를 자신의 사명으로 삼고 언론활동을 통해 사회변화를 이끌어내려 한 인물이며 시기에 따라 그의 근대적 사고와 사상이 변화되었다. 이 과정에서 전 국민적 명성이 퇴색되면서 근년에 민족적 인물에서 친일적 인물로 변화되는 모습을 보이고 있다. 이런 변화와 평가에 대해서는 다음의 논고가 참고된다. 김생기,1992,「위암 장지연의 언론활동에 나타난 민족의식」,『산운사학』6 : 김도형, 2000,「장지연의 변법론과 그 변화」,『한국사연구』109 ; 2000, 「대한제국기 변법론의 전개와 역사서술」,『동방학지』110 : 백동현, 2005,「한말 민족의식과 영토관-『황성신문』과『대한매일신보』에 나타난 영토관을 중심으로-」,『한국사연구』129: 김남석, 2012,「장지연의 언론활동에서 근대의식의 영향에 관한 연구」,『언론학연구』16-2.

만 공적이 뛰어난 사람, 사회적 모순의 한계에서 재능을 발휘하지 못한 인물들 즉 '일사逸士'을 하나하나 발굴하여 구체적인 행적을 전기형태로 기록했다8). 그 중의 한 사람이 바로 안용복이다.

장지연이 안용복을 주목한 것은 당시 그의 연구주제가 영토문제였고, 일본의 침략에 대한 위기와 연관되었다. 이것은 장지연이 1905년 전후로 국가영역과 외교문제에 주목하였고, 이것이 그의 연구주제였으며 동시에 현실인식의 핵심이었다9). 중국과 일본에 약탈당하게 된 간도와 울릉도·독도를 완전한 한국의 영토로 만들기 위해서는 안용복과 같은 인물이 출현해야 한다고 믿었다. 200년전 안용복의 일본행이 오늘에 재현되기를, 그런 일을 할 수 있는 인물의 출현을 시대가 요구한 것이다. 그런 점에서 안용복의 외교와 울릉도 영토문제는 장지연의 국토(강역)의식과 결합하였다.

장지연이 강역문제에 관심을 가지고 있었던 사실은 그가 정약용

---

8) 『일사유사』에 소개된 인물들은 조선시대 사대부가 아니었고, 신분제도의 모순 속에서 차별을 받으면서 삶을 영위한 인물들이다. 그럼에도 불구하고 이들은 하나같이 사회에 큰 공헌을 남겼고, 이들 행적의 재현은 시대적 과제 해결의 주체세력 형성과 연결되어 있다. 식민지시대의 역사적 과제는 해방이었고, 그 해방의 원동력은 결국 이름 없는 민중들로부터 나와야 하는 것이다. 역사의 주체세력을 피지배계층으로 확산하면서 동시에 그들의 영웅적 행동을 기대하고 새로운 기인의 출현을 강요하려는 것이었다.
9) 장지연은 최근 친일행적으로 재평가되고 있다. 그러나 여기서는 근대언론인으로서 언론활동을 통해 안용복을 이해하고 그 시대에 미친 영향에 한정한다. 『일사유사』는 친일적 성향을 가지고 있을 때 출간되었다고 할 수 있다. 서문의 '이조'의 사용과 친일행적으로 이름난 홍회의 서문이 실린 점을 들 수 있지만, 안용복에 대한 기사가 작성된 것은 1905년 경으로 추적된다. 이때의 장지연은 민족적 의식이 충만할 때이다. 그는 『문헌비고』를 편찬하면서 안용복의 이야기를 하였고, 여항에 묻힌 전대의 호걸들이 많음을 안타까워 했다. 『문헌비고』는 1908년에 간행되었으나 1906년 12월에 이미 편찬 작업이 완료되었다.

의 『아방강역고』를 증보하여 『대한강역고』를 출간한 사실에서 확인할 수 있다. 이 과정에서 정약용의 현손인 정규영의 도움을 받았다. 그러므로 그의 영토의식은 실학자들의 국토의식과 연결되었다. 다만 실학자들이 북방영토 즉 간도문제에 집중한 반면 장지연은 안용복의 사례연구를 통해 동해쪽으로 그 영역을 확산하려한 것이다.

장지연이 울릉도·독도에 관심을 가지게 된 계기는 실학자 한치윤의 손자인 한용원이 제공했다. 한용원이 제공한 『해동역사』 등의 자료를 통해 울릉도의 역사를 검토했다. 이 과정에서 울릉도의 지리와 역사를 새롭게 이해하게 되었고, 울릉도에 대한 영토의식을 강화하기 위한 대국민홍보가 필요하다고 인식했다. 이때 안용복의 행적을 소상하게 이해하게 되었을 것이다.

장지연의 울릉도 강역의식은 그가 주필로 있던 『황성신문』을 통해 공개되었다[10]. 그는 울릉도가 대한판도내의 옛날 산천이라는 사실이 수천년의 역사상에 명백한 증거가 있다는 사실을 적시했다. 그가 활용한 자료는 중국의 『한서漢書』는 물론이고, 『삼국사』, 『삼한강목』, 『여지승람』, 『본조야사』, 「문헌비고』 등 광범위했다. 특히 그는 실학자 유득공의 저술과 배계주, 최병린의 울릉도 개척 사실을 논리적으로 설명하려 했다.

장지연은 일차적으로 울릉도 영토문제의 사실관계를 명확히 하여 했다. 당시 『대동신보』가 울릉도 개척과 일본소유화 주장을 펴고 있는데 대한 반론이었다[11]. 그는 '불의금자소위不意今者所謂 대동보기사

---

10) 『황성신문』 1905년 9월 27일: 28일. '울릉도'. 이때 그는 嘔心生이란 필명을 사용하였다.
11) 일본의 울릉도 침탈과정과 성격 및 사회변화에 대해서는 다음의 논고가 참고된다. 최문형, 2006, 「러일전쟁과 일본의 독도점취」, 『역사학보』188: 김수희, 2011, 「개척

大東報記事에 유왈有曰 일본해중日本海中에 풍요豊饒로 유명有名혼 울릉도鬱陵島는 자일본인개척이후自日本人開拓以後로 일인호구日人戶口가 매월증가每月增加라 하니' 어찌 이같이 '가경가악가통가괴可驚可愕可痛可怪'한 일이 아니겠는가? 라고 하면서 '천부당 만부당한 말로 방자하게 신문지상에 게재하였는가?' 라고 일갈했다. 그러면서 울릉도가 일본과 일본인에 의해 개척되면서 일본인의 원유지가 되는 것은 손바닥으로 해를 가리는 것과 같다고 통탄했다.

　　장지연이『대동신보』의 기사와 논조를 배격할 것을 강하게 주장한 것은 울릉도의 영토상실에 대한 우려였다. 그는 '작금 일본이 선린의 큰 뜻으로 한국의 영토보전을 피로써 맹세하고 만국에 성명을 내었으면서 어찌 자국의 영토로 침탈하려는가?' 라고 하여 일본의 울릉도 침탈에 대한 항의와 동시에 영토보전을 강조했다.『대동신보』 기자의 오보이며 망언에 지나지 않았다. 만일『대동신보』가 그 잘못을 잡지 않으면 한국인으로서 천지에 맹서하고 다시는『대동신보』를 구독하지 말아야 한다는 것이다. 이러한 사실은 한국동포 특히 '청년회 동지들에게 알린다.'고 강조하여 청년들의 영토침탈에 대한 적개심이 일어나기를 원했다. 안용복이 필요한 이유가 분명해 진다.

　　한용운은 조부의 저작물인『해동역사』에서 관련 사료들을 추출하였고, 장지연은 전술한 광범위한 자료를 면밀히 검토했던 것이다. 이 과정에서 안용복의 존재와 행적을 발견하였다. 울릉도 영토문제는 자연스럽게 안용복을 주목하게 만들었고, 실학자들을 통해 인식된 영토문제가 동해로 확장되게 되었다[12]. 울릉도와 독도는 일본의 영토침탈의 현

령기 울릉도와 독도로 건너간 사람들」,『한일관계사연구』38; 김수희, 2011,「개항기 일본어민의 조선어장 침탈과 러·일의 각축」,『대구사학』102 : 김기주, 2012,「조선후기-대한제국기 울릉도·독도 개척과 전라도활동」,『대구사학』109.

장이었고 그에 대한 대응논리로 안용복의 행적이 주목받은 것이다.

장지연은 일차적으로는 전해오는 이야기에 주목했고, 문헌들을 검토해 자료를 모았다. 그가 중점적으로 검토한 문헌은 『희조일사』와 『문헌비고』였으며13), 이것을 토대로 『일사유사』에 등장하는 인물들을 선정하고 고증했다. 특히 안용복 행적의 재구성은 『희조일사』와 『문헌비고』의 내용을 대폭 수용하였다. 『문헌비고』는 안용복을 직접 만나게 되는 계기였다14).

장지연은 『일사유사』에서 안용복을 담백한 필체로 재현하였다. 그가 중시한 외교문제 즉 '울릉도쟁계'의 내용은 소상하면서도 논리적으로 기술하였다. 전체적으로 보면 『성호사설』과 『석재고』, 『희조일사』의 안용복과 차별되지 않는다. 아마도 자료를 열람하고 고증하는 과정에서 일부를 첨삭하는 수준을 벗어나지 않는다. 다시 말하면 석재 윤행임과 성호 이익의 역사적 평가를 뛰어넘지 않았다는 것이다.

안용복은 다른 일사들과 마찬가지로 양반지배층이 아니었고, 청환淸宦직에 오른 인물도 아니었다. 장지연은 망국의 원인이 문벌숭상의 풍속으로 인해 인재개발의 부족에 있다고 인식했다. 중인·서얼·상민·천민의 구분과 관직진출의 제한이 결국 식민지로 귀결되었다고 분

---

12) 『我邦疆域考』을 증보한 『大韓疆域考』가 이 시기에 출간되는 이유와 맞물려 있는 점을 고려해야 한다.
13) 『逸士遺事』의 서문에서는 그가 참고한 문헌들이 기록되어 있다. 『熙朝逸事』와 『枕雨談草』, 『秋齊記異』, 『委巷瑣聞於于野談』, 『震朝續記』, 『壺山外記』, 『兼山筆記』, 『崧陽志』가 바로 이것들이며, 2-3년간 고증을 거쳐 편집한 것이다. 본문의 말미에는 '외사씨'를 통해 『문헌비고』편찬의 일을 거론했다.
14) 장지연은 본문의 말미에 '...이후 안용복의 일은 묻혀져 알려지지 않은 지가 오래되었다. 지난번 『문헌비고』를 편찬 할 때 내가 이것을 여러 공들에게 말하였더니 여러 공들이 서로 다투어 칭찬하면서 비고 안에 상세히 기록하도록 하여...'라고 하여 안용복에 대한 인식의 시점을 밝히고 있다.

석한 것이 그의 입장이었다. 그래서 이들의 원기寃氣가 화기和氣를 범犯하고 중한衆恨이 하늘에 사무쳤다15)고 보고, 이들의 발굴과 위인화가 바로 시대적 과제를 해결할 수 있는 방안의 하나로 이해했기 때문이다.

    장지연은 '일사逸士'를 사회전면에 배치함으로써 피지배계층의 자발적 민족운동 참여를 목표로 했다. '일사'의 행적을 민족적, 영웅적으로 재현함으로써 현재 피지배계층의 민족정신을 확산하고자한 것이다. 안용복으로 대표되는 '일사'들은 모두 사회로부터 외면을 당했지만, 재주와 재능으로 지대한 공헌을 했다. 그래서 이들의 신분이 미천했음을 강조하면 '일사'도 과분한 것이겠지만 이들의 공적을 생각하면 '일사'는 오히려 미치지 못하는 것이라고 했다. 실제로 안용복도 그러한 '일사'의 한사람임에는 틀림없다.

    그러나 장지연은 자신만의 평가를 시도했다. 그는 안용복을 '여항의 호걸'로 규정하고16), 묻힌 지 오래되어 알려지지 않은 것을 슬프게 생각했다. 당시 지배층이 영토 문제를 중시하지 않은 결과 울릉도 할지와 양보에 대한 잘못은 석재의 견해를 따랐다. 안용복의 걸출한 공적을17) 정당하게 평가하지 못해 유배형벌로 미봉하려한 지배층의 잘못은 성호의 견해를 채택했다18). 결과적으로 신분제도의 모순이 전대 호걸

---

15) 『逸士遺事』 序
16) 안용복은 후대 민간외교가로 규정되기도 하여, 지금에까지 회자되고 있다(장지연 저, 김영일 역, 『한국기인열전』(을유문화사, 1969), 49쪽. '안용복은 이조 숙종대의 민간 외교가로서 동래 사람이었는데'라고 하여 민간외교가로 알려졌다.
17) 안용복이 영웅으로 대접을 받다가 이때부터 호걸이 더해지면서 영웅호걸이 되었다.
18) 성호 이익은 『星湖僿說』에서 안용복이 동래부 전함의 櫓軍으로 왜관에 출입하여 일본말을 잘했다 했다. 반면 장지연은 『逸士遺事』에서 안용복은 동래 사람

들의 행적과 공적을 모두 묻혀 벌려 억울한 일이 된 것을 탄식했다.

주목되는 것은 안용복의 행적이 영웅화되면서 "울릉도쟁계" 당시에 안용복과 함께 한 인물들의 역할이 재현되지 않았다. 이것은 안용복의 행적 내지는 영웅화에 초점을 맞춘 결과로 이해된다. 장지연이 원리 민멸되는 일을 찾아내는 의도에 충실하지 못한 것을 들어내는 것일 수도 있다. 안용복과 함께한 이들의 행적이 누락되면서 간략화 된 안용복의 행적은 대중적 스토리텔링화에 약점이 되었다. 대중화가 요구되는 시절에 안용복 개인의 영웅화는 상대적 박탈감을 느낄 수 있기 때문이다. 결국 안용복 개인사로 축소되면서 안용복 주변 인물을 통한 안용복과 울릉도·독도를 이해하는 길을 차단해 버린 것이다.

『일사유사』는 장지연 사후인 1922년에 유작으로 출간되었다. 3·1운동 이후 민족해방운동의 주체세력으로 민중이 부각되고 있었다. 다시 말하면 해방운동의 원동력이 민중에서 나와야 한다는 것이 시대인식이었다. 민중을 이끌어가 인물이 민중속에서 나와야 했다. 다시 말하면 민중의 영웅, 민중의 호걸이 필요한 시대였다. 그런 점에서 안용복은 『일사유사』를 통해 1920년대 한국인의 자주정신과 애국심을 강조하기에 적합한 인물이었다. 안용복이 민족적, 애국적 이미지로 재현되면서 지속되는 이유가 바로 여기에 있다.

『동광』의 쾌걸 안용복

3·1운동은 독립을 쟁취한 것은 아니지만, 일본의 식민정책을 변화시키는 계기로 작용했다. 그 결과 일제는 무단통치정책을 폐기하고,

---

으로 수영선에 예속되었고, 왜관에 출입하여 일본어를 잘했다고 하여 차별성을 보였다.

'문화정치'를 표방하였다. 사실 이 문화적 통치는 일제의 기만술책으로 '문화의 창달과 민력의 충실'이라는 허울의 시정방침일 뿐이다. 이 같은 표면적인 유화정책은 사실 민족분열정책으로 민족해방운동전선의 분열과 약화를 노린 것이다.

일제는 3·1운동으로 표출된 민족저항정신과 민족해방운동의 열기를 문화운동의 방향으로 돌려야만 했다. 언론·집회·결사의 자유를 허용한다는 미명하에 독립준비론과 실력양성론을 허용하는 모습을 보이면서, 실제로는 자치론으로 위장하여 문화적 통치체제를 구축했다. 이러한 문화통치정책은 신문과 잡지를 통해 전파되었고, 민족운동은 결국 문화통치정책에 흡수되는 모습을 보였다. 이러한 사회 분위기속에서 민족의 우수함을 알리고 우리 얼을 지키고자 노력한 조직과 인물들이 있었다. 그리고 그 중심의 한 언저리에 안용복이 있었다.

이윤재는 1926년 5월 『동광』에 안용복을 대중에게 소개했다[19]. 조선 숙종시대 일본의 어민들을 물리치고, 막부와의 외교를 통해 울릉도와 독도를 지켜낸 안용복의 이야기, 곧 '쾌걸 안용복'을 발표한 것이다. 이때 그는 서울 협성학교에서 민족교육에 앞장서고 있었다. 그런 점에서 그가 안용복의 행적을 재현한 것은 민족운동의 한 전형으로 삼았다고 짐작할 수 있다[20].

그가 몸담았던 수양동우회는 정치적 결사로의 발전을 희망했지만, 현실적으로는 인격수양과 민족문화건설을 목표로 했다. 그리고 『

---

[19] 『동광』에 대한 일반적 사실은 최덕교 편저, 2004, 『한국잡지백년』, 63-68쪽과 김근수, 1992, 『한국잡지사연구』 138-139쪽에서 확인할 수 있다.

[20] 이윤재는 북경대학을 졸업한 후 정주 오산학교에 근무하면서 민족교육을 실시하였고, 흥사단의 국내지부와 같은 역할을 하던 수양동우회에 가입하고 활동했다. 1926년 서울 협성학교로 옮기었고, 『동광』은 수양동우회의 기관지였기에 그가 쉽게 '쾌걸 안용복'을 발표할 수 있었다.

『동광』의 사명은 조선의 주인이 될 청년을 길러내는 것을 목적으로 했다. 조선의 주인이 되려면 주인이란 자각과 주인이 될 만한 자격을 갖추어야 하는 것이다. 그러한 주인이 될 청년을 많이 생기게 하는 것이 급선무이며, 그것을 조장하는 것이 곧 『동광』의 사명이었다[21]. 조선의 주인으로 안용복은 조금도 손색이 없는 인물이다.

　이윤재는 안용복을 '쾌걸'로 규정했다. 성호가 '영웅', 장지연이 '호걸'이라고 정의한 것과 대별된다. 성호와 장지연은 안용복이 미천한 일개 군졸로서 만번 죽음을 무릅쓰고 국가를 위하여 강적과 겨룬 점과 여러 대를 끌어온 분쟁을 그치게 하고 한 고을의 토지를 회복한 점을 통쾌한 일로 평가했기 때문이다. 영특한 안용복이 한 세대의 공적을 세운 것만이 아니라 국가계책에 큰 도움이 되었기에 영웅이며 호걸인 것이다. 그런데 이윤재는 '영웅호걸' 안용복을 '쾌걸'로 재정의했다. 이것은 '쾌'의 의미에서 찾아야 할 것 같다.

　'쾌快'는 옳다(가可)는 의미가 있으며, '쾌걸快傑'은 올바른 일을 한 호걸 내지는 통쾌한 일을 한 (영웅)호걸을 말한다. 안용복의 일은 통쾌한 남자가 올바른 일을 하였기에 즉 민족운동의 지표가 될 만한 일을 한 역사적 인물이라는 것이 이윤재의 생각이다. 그러므로 안용복의 울릉도 탈환은 바로 '쾌사' 즉 통쾌한 일이 된다. 더구나 일제의 식민지를 받고 있는 현실을 고려하면 더욱 통쾌한 일이 되는 것이다. 빼앗길 뻔한 조국강토 즉 울릉도를 안용복이 통쾌하게 회복하였듯이 일제로부터 통쾌하게 주권을 빼앗아 올 남자, 사내답고 씩씩한 남자를 갈망하는 또 다른 표현이다. 시대가 바로 이 같은 쾌걸의 출현을 기대했고, 이윤재는 당시의 민중의 염원을 담아 '쾌걸'로 규정한 것이다.

---

[21] 『동광』1926, 5월 창간호, 광고

이윤재가 안용복을 통해 당시의 청년들에게, 그가 가르치고 있던 학생들에게 전하려던 메시지를 알 수 있다. 이윤재는 이들에게 원하는 것이 있었다. 그것은 바로 독립운동에 투신하는 것이었다. 그런 메시지를 주기에 안용복은 적합한 인물인 셈이다. 안용복을 통해 드러낸 이윤재의 바램은

'아아 세상에 어찌 公理가 있다 하리오. 저 妖細輩가 멀쩡하게 남의 땅을 빼앗으려 하건마는 이를 항의하려하긴 고사하고, 돌이켜 그를 찾기로 애쓰는 자가 형벌을 받고 말았는구나. 아아 나는 조선사람이다. 살아도 조선을 위해 살고 죽어도 조선을 위해 죽을 것이다. 몸이 부수어지고 뼈가 닳아 없어지는 한이 있더라도 나의 최초의 결심은 조금이라도 변할 리가 없다. 이제는 法理도 쓸데없고 의논도 쓸데없다. 다만 한 완력으로써 그들하고 싸움하여 죽기를 맹서하리라'[22]

라는 안용복과 같은 결심이다. 안용복은 자기와 뜻을 같이하는 자가 한 사람도 없음을 한탄하고 완연히 실의한 사람처럼 이리저리 방황하고 돌아다니었을 뿐이었다. 이러한 안용복의 결심은 독립운동과 민족교육에 빠져있는 이윤재 자신의 현실, 자신의 모습을 안용복에 투영한 것이다. 그리고 1920년대 나라를 빼앗긴 조선의 현실과 울릉도와 독도를 빼앗기게 된 과거가 동일선상에 위치하고 있음을 강조하여 조선의 민중들이 무엇을 할 것인가를 일깨워주고자 했다. 안용복이 이윤재를 통해 재현되는 이유가 충분한 것이다.

당시 한국은 조선을 위해 살고 조선을 위해 죽을 사람이 절대적으로 필요했다. 일제의 문화통치는 점차 친일파를 양성하고, 그에 걸맞

---

[22] 『동광』 제2호, 1926년 6월 1일.

는 논리를 확산하여 독립에 대한 조선민중의 에너지를 약화시키고 있었다. 그러므로 일제에 의해 양산되고 있던 자치론과 민족개조론의 변형을 공리公理가 아닌 것으로 규정한 것이다. 아마도 이광수의 『민족적경륜』23)의 논리를 비판하면서 '저 요간세妖奸細가 멀쩡하게 남의 땅을 빼앗으려 하건마는 이를 항의하려하긴 고사하고'라고 하면서 '살아도 조선을 위해 살고 죽어도 조선을 위해 죽을 것이다.'라는 결심을 드러내기 위해 안용복을 불러낸 것이다.

　동시에 이윤재는 안용복을 통해 독립운동의 방향 전환을 모색했다. 수양동우회에서 이미 운동방향이 전환을 모색한 적이 있다. 수양동맹회와 동우구락부가24) 통합하는 과정에서 정치적 결사로의 발전을 모색했으나 치열한 논리와 논쟁을 거쳐 여전히 인격수양과 민족문화건설에 멈추어 있었다. 아마도 이윤재는 안용복을 통해 독립운동의 방향전환을 제안하고자 한 것일 수도 있다.

　그는 인격수양으로는 독립할 수 없다는 것을 경험했다. 종래의 방법과 내용에 의한 민족문화 건설로는 빼앗긴 조국의 강토를 찾을 수 없다고 판단했다. 그래서 '이제는 법리法理도 쓸데없고 의논도 쓸데없다. 다만 한 완력으로써 그들하고 싸움하여 죽기를 맹서하리라'고 하면서 새로운 독립운동의 방략을 제안하였다. 이것은 곧 무장항쟁론이며, 안용복처럼 직접 투쟁하는 길을 모색하는 것이었다. 그래서 '다만 한 완력으로써 그들하고 싸움하여 죽기를 맹서하리라'고 안용복의 행적을 재현한 것이다.

---

23) 이광수, 「민족적 경륜」, 『동아일보』 사설. 1924.
24) 안창호가 미국에서 조직한 흥사단 계열의 단체이다. 동우구락부는 평양의 대성학교 졸업생과 전 신민회 회원들이 중심이 되어 1923년 평양에서 조직되었다. 이들 단체는 인격수양과 민족문화 건설을 목표로 했다.

이윤재는 민족독립에 대한 희망을 가지고 있었다. 그가 울릉도와 독도를 사수한 안용복의 활약상을 소개한 이듬해 새해를 맞아 희망을 구체적으로 제시하였다. 그는 신년사 형식을 통해

> 우리는 꼭 바라고 나아갈 희망 한 가지가 있다. 그를 여기에서 기다랗게 말하지 않더라도 우리는 모를 리 없다. 이 희망만은 어느때 까지든지 꼭 이루고야 말리라는 것까지도 잘 안다. 우리는 이 희망을 이루면 잘 살고, 이루지 못하면 잘 살지 못할 것까지도 안다. (중략) 오늘부터 우리가 전 민족적으로 대방침을 세우고 대계획을 정하자. 그리하여 너니 나니 가리지 말고 오직 한 깃발 아래 모여서 저기 보이는 한 목표를 향하여 서로 손목 잡고 나아가자. 이것이 이 신년에 정할 조선민족의 만전지계라 부르짖는다[25].

그가 바라는 희망이 무엇인지, 그가 이 글을 쓴 의도가 어디에 있는지를 짐작하는 것은 어렵지 않다. 어느때까지든지 꼭 이루어하는 것은 곧 독립이다. 실제로 이윤재는 이때부터 활동영역을 확대하여 조선어 연구의 대중적 전파, 보급에 진력을 다하기 시작했다. 조선독립 운동의 또 다른 영역이었다. 식민시대 문화통치기 우리말과 글에 대한 연구와 보전은 민족독립의 달성을 지향하기 때문이다.

이러한 맥락에서 작위 현달보다는 인격의 숭고함이, 위세의 혁렬赫烈보다는 훈공의 기위奇偉를 더 중시할 것이라고 주장한 것이다. 그는 민족과 사회를 위해 일생을 희생한 안용복의 행적이 인멸되고 이름조차 전함이 없는 것을 안타깝게 생각하지 않을 수 없었다. 이것은 곧 우리 민족 역사의 정체를 구하는 것이었다. 초개에 묻힌 호걸들의 전

---

[25] 『동광』제9호, 1927년 1월 1일.

기에서 얼마라도 남아있는 일화를 들추어내는 것이 바로 역사 정체의 완벽함이라고 생각했다. 그래서 200년전에 울릉도을 중심으로 한 조선의 외교문제를 끄집어내어 오늘날 잃어버린 주권을 되찾아야 한다고 역설했건 것이다. 그래서 안용복의 행적을 재현하고 그롤 역사적 인물로 평가했다.

이윤재는 당시의 지배계급을 믿지 않았다. 그들의 역할에 대해 부정적인 시각을 여실 없이 드러내고 있다. 그 단편을 안용복 사건 처리과정에서 찾았다. 그는

> 이러한 경우에 있는 중대 문제를 누가 능히 해결을 임할 것인가? 당시 朝野을 물론하고 외교에 당할 만한 名流 정치가도 많기야 했겠지만은, 그들이 하는 일이란 다만 私利를 爭하며 強勸을 圖하기에만 몰두하고, 국토가 줄어가는지 늘어 가는지 이러한 문제 같은 것이야 생각이라도 하여 볼 여가가 없었다[26].

고 하여 당시 지배계급에 대한 부정적 평가를 아끼지 않았다. 능력과 지위가 있는 자들이 많았지만 그들은 사리 다툼에 빠져 국토의 축소에 관심이 없었다는 점을 비판한 것이다. 이것은 결국 1920년대 한국의 지배계급과 일부의 독립운동 지도부들의 행태를 꼬집은 것이다. 민족개량주의자들과 참정권 주장자들의 행적이 바로 이와 같은 것이었다. 이들의 활동은 결국 독립과 무관하며, 현실의 이익을 쫓는 모습을 정확하게 파악하였다. 당시 문화정치의 본질이 친일파 양성에 있으며, 이에 동조하는 세력들에 대한 비판적 시각의 일단을 알 수 있다.

그러므로 이윤재는 민중을 믿을 수 밖에 없었다. 그가 안용복을

---

[26] 『동광』 제1호, 1926년 5월 1일.

'미관말직의 이름도 없는 일개 천부賤夫로 수륙만리에 동서분치東西奔馳하여 죽음을 내기하고 오로지 국가에 진췌盡悴한 자는 오직 안용복 그 사람이다'라고 한 것은 결국 독립운동의 핵심은 이름 없는 일반백성 뿐이라는 점을 강조하는 것이다. 결국 독립운동의 중심은 일반 민중이 될 수 밖에 없으며, 그들이 바로 진정한 한글을 사용할 자격이 있는 자들이다. 곧 이어 한글사전 편찬 작업에 몰두하는 것은 바로 이들을 위한, 이들에 의한 올바른 한글사용, 표준어 사용을 위한 일이기도 했다.

이윤재는 안용복을 통해 민중들에게 독립운동의 방향과 내용을 제시했다. 지금 일어나는 독립운동은 안용복이 울릉도와 독도를 되찾는 일과 별반 다름이 없다는 것을 강조하면서, 각오를 다지게 만들었다. 안용복이 중과난적으로 그들에게 납치를 당하면서도 조선인으로서의 기개를 잃지 않고 정당하게 영토수호를 주장한 행적을 여실히 재현함으로써 독립운동의 자세를 일깨우고 용기를 주고자 했다.

'안용복은 참을래야 참을 수 없는 義憤을 이기지 못하여 그들에게 향하여 外人으로 함부로 남의 境土를 범함이 옳으냐고 굳세게 말하여 즉시로 퇴거하기를 요구하였다27)'

고 하면서 지금 우리가 총독부의 통치하에서 해야 할 일을 제시한 것이다. 일제의 강점과 통치에 의분을 일으켜야 하며, 당당한 독립과 해방을 주장할 것을 요구해야 한다는 것으로 이해된다. 남의 나라를 침범함이 옳은 일이 아니기 때문에 즉시 퇴거를 주장해야만 한다.

---

27) 『동광』 제1호, 1926년 5월 1일.

그런데 현실은 이미 친일화가 나타나고, 일본의 통치권을 승인했다. 일제의 허락 없이는 어떠한 정치활동을 할 수 없음에도 누구하나 그 잘못을 말하지 않는 현실을 비판하기 위해 안용복의 행적을 재현한 것이다. 비록 안용복의 울릉도 수호와 민족독립이 결코 등치될 수는 없지만, 그 정신과 방법은 별반 차이가 없는 것이 아니겠는가. 그러나 자기와 뜻을 함께 하는 자가 적은 것은 안용복이나 지금의 이윤재나 별반 다름이 없는 현실이었다. 이 같은 비극적 현실이 어찌 한탄스럽지 않겠는가. 이윤재는 만주로 뛰어다니면서, 각종의 단체에 가입하면서 이런저런 활동을 위해 뛰어다니는 것이 바로 안용복이 실의하여 방랑하고 돌아다닌 것과 같다고 생각한 것이다.

이윤재는 안용복 행적의 재현을 통해 그와 같은 민족독립투사의 출현을 기대했다. 그가 재현한 안용복의 인격을 통해 오늘날의 독립운동가의 자세를 그리워했다. 어떤 의미에서 그에게 영향을 준 신채호 같은 인물, 그가 연재한 이순신 같은 인물(1930, 10월-11월, 25회 연재. 동아일보), 안창호 같은 인물을 투영하고자 한 것인지도 모른다. 그러므로 안용복을 죽음 앞에서도 조국을 위한 마음에 조금의 두려움도 없는, 조그맣고 추악한 오랑캐 무리들이 다시 침월할 것을 먼저 생각하는 의인으로 그려냈던 것이다. 이윤재가 재현한 안용복의 인격과 애국적 자세, 희생적인 면을 보면

> 용복은 본래 일신의 안락을 돌보지 아니하고 다만 국사에 희생하겠다는 각오가 있었으므로 하여, 참형한다는 선고에도 조금도 두려운 빛이 없고 다만 마음으로 이렇게만 생각하였을 뿐이다. '나 죽는 것은 조금도 아깝지 아니하다, 그러나 저 반복무상한 小醜輩가 행여나 우리 울릉도를 다시 침월하지나 아니할는지'[28]

라고 하여 안용복의 기상을 구체화하였다. 결과적으로 이윤재는 3·1운동의 좌절과 민족해방운동 노선의 분열로 인해 1920년대 팽배하던 민족패배주의를 극복하고, 민족독립의 희망을 주기 위해 안용복의 행적을 재현하고 위인화하고자 한 것이다. 그는 3.1운동과 그 과정에서 희생된 수많은 이름 없는 민중들의 희생을 안용복의 영웅적 행적으로 재현하여29) 희생된 독립운동과 정신을 회복하려는 의도를 가지고 있었다.

『별건곤』의 쾌인용사 안용복

대중잡지를 통한 안용복의 영웅화는 1930년대에도 이어졌다. 개벽사는 1926년 『개벽』을 대신하는 대중잡지를 발간하게 되는데 이것이 바로 『별건곤』이다30). 『별건곤』의 주요 집필진으로 참여했단 차상찬은 1933년 7월 1일자 『별건곤』(제65호)에 '삼촌설로 울릉도 탈환한 해상의 쾌인용사 안용복'이란 제목으로 안용복의 전기를 실었다.

1930년대는 문화정치라는 기만정책이 그 역할을 마치고 파시즘 시기로 접어들었다. 일본의 경우 세계공황을 겪으면서 궁지에 몰리게 되고, 그 돌파구 마련을 위해 만주로 침략을 본격화하던 시기였다. 만

---

28) 『동광』 제2호, 1926년 6월 1일.
29) '아아, 萬死의 힘으로 수륙만리를 발섭하여 가며 울도 회수의 공로자로서 안용복은 쓸쓸한 고도에서 자유로운 몸이 되지 못하고 일생을 그기서 마치었다. 아아, 세상에는 안용복 같은 자 과연 몇 사람이나 있는고'
30) 정용서, 2015, 「1930년대 개벽사 발간 잡지의 편집자들」, 『역사와실학』 57: 김복순, 2014, 「별학의 탄생과 다원적 시민사회구상 ;별건곤을 중심으로」, 『대중서사연구』 20 : 家永 祐子, 2012, 「『개벽』과 『별건곤』을 통해 본 한국인의 한국자랑」, 『인문과학연구』 33:

주사변(1931)과 만주국의 성립(1932)으로 국제적 비난을 받으면서도 일본은 대륙침략 전쟁을 위한 전초기지로 만주를 병참기지화 했다. 이것은 일본은 군국주의 체제를 확립과 맥을 같이 했다. 한편으로는 조선 식민지의 강압적 통치를 예고하는 것이다.

이와 같은 파쇼체제 강화시기에 식민지 조선에서 안용복을 통해 역사담론을 이끌어 낸다는 것은 쉬운 일이 아니다. 중국과 일본의 대결구도가 더 일층 격화되면서 종국에는 전면적으로 이어지는 것이 예견되었기 때문이다. 이러한 시대에 조선의 애국적 행위자로 영웅이었던 안용복을 독립운동가로 재현하는 일이 그만큼 어렵다.『별건곤』의 안용복 연재는 식민지를 부정하는 근거로 작용하는 것이 명확하기 때문이기도 하다.

『별건곤』은 우리나라 최초의 대중 종합잡지이며, 취미잡지였다. 『개벽』의 후신이 아니라 새로운 기획으로 태어난 잡지로 출간과 동시에 계몽과 의식 각성의 역할을 수행했다. 즉 역사적 사실과 허구의 접점을 통해 독자들의 역사 기억을 새롭게 재구성하고, 지향해야 할 희망적 미래를 위한 필요조건을 제시하면서 민족의식의 고취라는 대의에 이르고 있다[31].

차상찬은 서른 개 넘는 필명으로 활동하면서 일제의 탄압을 끊임없이 질타한 언론인으로 알려져 있다[32]. 그는 『별건곤』에서 안용복을 '쾌인용사'로 규정하여 이윤재와의 차별성을 보였다. 그가 안용복을 '쾌인용사'로 규정한 것은 『별건곤』만의 '쾌사'에 대한 개념과 정의의

---

31) 정가람, 「1920-30년대 대중잡지『별건곤』의 역사 담론 연구」,『대중서사연구』 20, 2014. 80쪽.
32) 박종수, 1996,「車相瓚論」,『한국민속학』28: 강원일보,「태백의 인물」. 1988-1991년 연재.

영향을 받은 것 같다. 『별건곤』에 등장하는 인물들은 모두 역사적 인물들이며, 기사화된 내용들은 모두 역사적 사건들이다. 즉 안용복의 울릉도 수호가 바로 역사적 배경을 토대로 한 사실이다. 다만 잡지라는 특수성을 고려하여 독자들의 흥미와 관심을 고조시키기 위해 영웅적, 애국적 행위로 서술했다.

『별건곤』의 경우 '쾌사'는 민족의 지표로 삼을 만한 역사적 인물과 사건을 의미하며, '나라를 위해 민족을 사랑하는 충의에서 나오는 복검할복(伏劍割腹)의 통쾌한 죽음에 이른 인물들과 그들이 이루어낸 업적들을 '쾌' 한 단어로 요약했다[33]. 안용복의 위인적 면모를 부각시키면서 조선민중이 소망하는 조선독립의 의지를 새롭게 하고, 그의 통쾌한 민족운동을 대중들에게 알리려 한 것이다. 아마도 조선민중의 저항정신을 염원하면서 민중들에게 용기와 실천력을 강조하기 위해 안용복의 행적이 '쾌인용사'로 재현되었던 것이다.

수춘산인은 안용복이 어떠한 인물인가와 그가 남긴 쾌사의 내용이 무엇인지에 초점을 두면서 논리정연하게 안용복의 일생을 기술했다. 조선시대부터 전해지던 기록을 그대로 전재하는 것이 아니라, 그의 필력을 동원하여 정사가 견지하기 힘든 부분을 일부 첨가하여 안용복의 영웅적 면모를 부각시키는 기법을 사용했다. 대중들이 원하는 영웅적 인물의 능력을 보완한 것이며, 쾌인용사 안용복은 영웅 출현을 기다리는 민중의 마음속으로 파고들었다.

이것은 안용복의 집안과 유년기에 대한 첨가의 기록에서 확인된다. '집안이 원래 한미한 탓으로 공부할 기회를 얻지 못하고 해변가에

---

33) 정가람, 위 논문. 89쪽 : 김진구, 『쾌사란?』, 『역대인물쾌사록』, ; 『별건곤』 1927년 12월 통권10호, 38쪽.

서 어려서부터 배타기에 종사하여 항해술이 능하였다', '그 때문에 수영주군에 뽑혀서 그곳에서 복무했다'는 것은 역사적 사실이 아니다. 집안이 한미했기 때문이 아니라 신분으로 인해 학문과 지배계급으로 나갈 기회를 얻지 못한 것이다. 이러한 안용복의 인적과 집안 내력, 개인 능력에 대한 재현은 허구가 아닐 개연성은 있을지라도 검증되어 기록된 사실은 분명 아니다. 엄밀한 비판적 안목을 가지지 않은 독자들은 허구와 사실의 상호의존적 공존을 구별하기 어렵다. 안용복의 위인으로서의 자격을 부여하고 있기 때문이며 독자들은 자기자신과 등치할 수 있는 명분을 얻을 수 있다.

차상찬은 안용복의 내면적 세계를 묘사했다. 이것은 마치 현재의 민중들이, 독립운동을 실현하는 민중들이 가져야 할 정신적 가치의 기준을 제시하는 것이다. '위인이 대담 쾌활하고 적개심이 강하여 자기의 의리에 틀리는 일이 있으면 비록 당장에 몸을 희생할지라도 조금도 굴복하지 않고 싸운다'는 것은 문화정치기를 거치면서 나약한 조선민중에 대한 자기반성의 기회를 제공하며, 한편으로 독립의 실천력을 강하게 담금질하기 위한 것이다. 그리고 안용복은 이미 '울릉도쟁계'에서 승리할 수 밖에 없는 내면적 자질을 갖추고 있었다고 강조하여[34] 민중들의 의지를 강하게 만드는 것이다. 더구나 안용복은 원래 적개심이 많아 당장에 분기가 충천하여 일본으로 건너갔던 것이라고 한 것은 실천은 인식과 동시에 이루어져야 한다는 점을 강조하여 민중이 직접 독립운동의 전선에 나갈 것을 요구하는 것이다.

그러면서 당시의 지배계급에 대한 질타도 아끼지 않았다. '동래부

---

[34] 안용복은 辯才가 능하여 누구와 무슨 변론을 하게 된다면 그들을 설복시키고, 그 외에도 일본말에 능통해서 수영에서 왜관과 무슨 교섭이 있을 때이면 대개 그를 사용하게 되었었다고 하여 안용복의 능력을 평가했다.

사가 만일 상당한 인물이었다면 그를 무사 백방하였을 것이고, 그의 보국충절을 극히 찬양 표창'하였을 것이다. 그러나 동래부사로 대표되는 당시의 지배계급은 대마도주와 막부에 엄중한 항의를 하지 않았고, 외국과의 혼란만을 염려했다. 사실의 여하에 대한 시시비비도 가리지 않았고, 천한 백성의 범월만을 강조했다. 무능할 뿐만 아니라 국익보다는 외국의 눈치만 살피는 비겁한 관료의 실상을 적절하게 대비시킨 것이다. 당대의 관료와 지배계급, 한말의 지배계급과 관료들의 실상을 여과 없이 보여주는 대목으로 해석된다. 이것은 나라가 망한 이유가 어디에, 누구에게 있는가를 분명히 한 것이다.

그러나 독립운동은 멈출 수 없는 것이다. 어느 순간에 끝나는 것이 아니다. 지속적인 독립운동을 위해 안용복의 행적을 조금 꾸몄다고 할 수 있다. 안용복은 '처음에 먹은 마음을 조금도 변치 않고 기회가 있는 대로 부사와 기타 관원에게 울릉도의 영토권을 확립할 것을 요청하였다'고 강조했다. 작금의 우리들이 처음의 어떠한 어려움이 있더라도 처음의 마음을 변치 말고 안용복이 울릉도 영토권 확립을 주장하였듯이 독립운동을 지속해 나가야 하는 현실을 강조한 것이다.

그럼에도『별건곤』의 쾌인용사 안용복은 일본행과 그곳에서의 행적은 종래 자료들과 차이가 없다. 그는 말미에『석재교』를 참고하였다고 기록하고 있어 조선후기 내용을 충실히 반영하였음을 밝히고 있다. 그러나 곳곳에 그의 문학적 요소가 들어가면서 안용복의 이미지를 한편으로는 부드럽게, 살벌한 1930년의 식민지 현실을 고려하여 독자들의 흥미를 유발하고 정신적 가치를 환기시키려 했다는 점은 부인할 수 없다. 아마도 식민지 백성에 대한 도를 넘는 일제의 폭압과 수탈, 간교한 통치에 맞서는 젊은 지식인의 저항이 다시 일어나기를 기대한 것일 것이다.

『동아일보』의 안용복과 울릉도

『동아일보』는 1930년대에 이미 친일적 성향을 드러내기 시작했다. 1932년 이봉창의 폭탄 투척을 '대불경 사건 도발'이란 제목으로 기사를 다루었고, 결과적으로 민족지의 모습을 찾아보기 어렵게 되었다. 당시『조선일보』는 물론이고, 총독부 기관지 역할을 하던『매일신보』의 기사내용과도 차별이 전혀 없었다. 오히려 '천황폐하가 다치지 않은 것을 다행'으로 여길 정도였다. 그러므로 이제는『동아일보』를 통해 민족정기, 민족의 대변지 역할을 기대하기는 어렵다. 2년 뒤 손기정 선수의 일장기 말소사건은 그래도 민족지로서의 마지막 모습이었다.

1934년이 되면 일제는 만주와의 전쟁을 마무리하고 중국과의 전면전을 준비하는 시기이다. 그러므로 일제의 조선식민정책은 더욱 폭압적이고, 전쟁준비로 수탈을 강화하려는 움직임을 보이게 된다. 이러한 간교한 통치는 언론을 통해 순화되고, 동조의 분위기를 조성하게 된다. 이러한 시기에『동아일보』는 실증주의 사학자 김상기를 통해 '외방에 끼친 선인의 자취(11)35)'의 제하에 '안용복과 울릉도' 기사를 내 보냈다. 울릉도의 연원과 일본인의 울릉도 야심, 안용복의 월경사건으로 인한 울릉도 소속문제의 표면화, 울릉도 방기론 등을 중심으로 문단이 구성되어 있다.

『동아일보』의 안용복은 조선후기는 물론이고 전시기와 달라졌다. 안용복에게 붙어 있던 영웅호걸, 쾌걸, 쾌인용사 등의 역사적이고 위인적인 행적, 영웅적 행적은 사라지고 없다. 아마도 1930년대의 식민지

---

35)『동아일보』1934년 12월 16일 1면.

배기의 민족적 현실이 그대로 투영되었다고 할 수 있다. 그렇다면 김상기는 왜 지문지상을 통해 안용복을 재현하였을까 하는 의문이 든다.

김상기는 1931년 일본 와세다대학교 사학과를 졸업하고 귀국하여 해방될 때까지 교육계에 몸담으면서 역사를 연구했다. 이 글을 발표할 1934년에는 동료들과 함께「진단학회」를 조직하여 한국의 역사와 문화를 밝히고자 했다. 한문을 바탕으로 한 학문적 자질은 근대학문과 조화를 이루었으며, 의연한 애국심을 바탕으로 을지문덕 등 많은 위인에 대한 전기를 쓰기도 했다. 그러나 그의 학문은 일본인 학자들에 의해 주도되던 실증사학이었으며, 당시로서는 역사연구의 주류였다.

그러므로 그의 연구는 실증을 중시했으며, 정확한 문헌자료가 아니면 연구대상에 포함시키지 않았다. 철저한 사료비판을 토대로 했으며, 그 비판의 유일한 무기는 합리성 여부였다. 합리성에 입각한 사료비판을 근거로 역사적 사실 해명에 주력한 것이다. 그런데 '울릉도와 안용복'이란 그의 기사는 사료비판과 사실규명에 합리성이 결여되어 있다. 더구나 사실 해명에 자신감을 보이지 않고 있다. 그리고 안용복이란 역사적 인물에 대한 연구로서는 매우 소략한 면을 보이고 있다. 그 결과 역사적 사실의 변화를 전혀 설명하지 않았으며, 결과나 영향에 대한 역사적 해석은 전혀 없다.

김상기는『동아일보』을 통해 안용복의 울릉도 영토의식의 일단을 드러냈지만, 민족적인 성격은 그다지 강하지 않았다. '해도該島는 동해의 고도孤島인 만큼 본토와 교통이 불편하여 인구가 심히 희소하여 때로는 무인도로 변한 적도 있었던 것이다'라고 하여 일본이 주장하는 무주지 선점론의 입장을 수용하는 모습도 보이고 있다. 일본인들이 울릉도에 대한 야심을 가질 수 있었던 이유가 바로 여기에 있으며, 임진

란 이후 일본 어민들이 자주 울릉도에 출몰했던 것으로도 울릉도의 연원을 재현했다. 이러한 입장은 어느정도 일본의 인식과 맥락을 함께 하는 것이다. 그 결과 안용복은 민족적 인물로서의 성격, 영웅화의 행적은 퇴색될 수 밖에 없었다.

그는 울릉도 문제의 표면화를 안용복의 월경사건으로 이해했다. 그런데 대마도의 침략성과 간계는 지적하지 않았다. 당시에 드러난 대마도의 태도를 어름어름한 것으로 치부했다. 그러면서도 울릉도를 정당한 본국영토로 주장한 사실과 대마도측의 어물정한 태도와 『지봉유설』의 근거로 일본의 점거권을 거론하였다. 그러므로 일본의 태도와 입장에 대한 명확한 반박을 주장한 것은 아니었다.

안용복의 행적은 '구인拘引'당하는 시기와 부분에 한정되었고, 자발적 도일부분은 사라지고 없다. 안용복이 조선으로 돌아와 투옥된 사실과 재차 일본으로 건너가게 된 배경이나 과정은 재현되지 않았다. 이것은 안용복의 대일외교문제를 의도적으로 축소하거나 드러내려 하지 않은 것으로 보인다. 한국 측 자료는 물론이고 『죽도기사』, 『죽도고』에도 자세하게 나오는 2차 과정을 누락시킨 것은 안용복 재현의 고의적 한계였다. 일차도일에 대해서는 비교적 상세하게 논리적으로 접근하면서도. 그보다 더 중요한 외교적 행위로 간주될 수 있는 내용을 생략한 것은 다분히 일제의 입장을 고려했다고 해석된다.

『일사유사』이래 식민시대 안용복은 이미 역사적 위인 내지는 역사적 영웅으로 각인되어 있었다. 그런데 느닷없이 무미건조한 스토리로 안용복이 재현되는 이유를 설명하기 어렵다. 일차적으로는 만주침략 이후 강화되는 파쇼체제를 무시할 수는 없지만, 안용복이란 인물을 굳이 폄하할 명확한 이유는 없다. 그렇다면 이미 친일적 논조로 돌아선『동아일보』의 입장뿐이다. 그러므로 민족정신의 회복이나 대한의 주체성을 확립하려는 의도는 분명히 없었다.

그렇기 때문에 이 글의 특징은 안용복 행적과 관련한 내용이 대폭 축소되는데 있다. 그리고 종래의 기록이나 사료에 등장하는 용어를 그대로 사용하지 않았다. 그 결과 안용복의 도일과 울릉도 외교문제는 하나의 해프닝으로 치부되었다. 종래 안용복이 가지고 있던 위대함, 민족적이고 영웅적인 행위 즉 쾌인, 쾌사는 사라지고 말았다. 아마도 일제의 만주침략과 중국과의 전면전을 준비하는 과정에서 조선과 일본의 외교문제가 부각되는 것이 식민정책자들에게는 부담이었을 것이다. 이러한 일본의 입장을 반영하여 안용복 그리고 그와 관련된 외교문제를 축소화하여한 것으로 이해된다.

그러므로 성호의 안용복 평가, 영의정 윤지완의 입장은 물론이고 안용복 행적에 대한 역사적 의미가 언급되지 않았다. 『숙종실록』 등 사서에 등장하는 '울릉도쟁계'나 영토문제를 '소속문제'로 축소했고, 대마도주가 막부에 대한 기만행위 등은 전혀 언급되지 않았다. 더구나 '울릉도쟁계'의 책임을 조선에 전가하는 듯한 모습도 보였다. '당시 정부에서는 일개의 공광空曠한 땅을 다툼으로 인하여 화단禍端이 열릴까 염려하여 방기放棄함을 주장하는 우론愚論까지 일어났고'를 지적하여 그 책임을 조선정부로 돌리는 양상이었다. 다만 영상 남구만이 반대하여 울릉도 문제가 휴지부지 얼마동안 별귀결을 보지 못했다고 결론을 지었다.

김상기는 왜 이런 안용복의 상像을 만들었을까? 비록 일제식민시기라 해도 이미 안용복은 민족의 영웅으로, 호걸로, 쾌걸로, 쾌인용사로 각인되어 오고 있었고, 필자들의 의도와는 상관없이 민중들의 가슴

속으로 파고들고 있었기 때문이다. 더구나 울릉도의 영토와 외교문제를 전혀 고려하지 않았다. 김상기는 이미 조선은 일본영토의 일부로 인식하고, 우리 민족의 영토의식은 없었던 것으로 이해한 것인가?

사실 울릉도는 일본인에 의해 개척되고, 일본어부들의 생업의 장이 되어 버렸다. 일본의 울릉도 침탈은 이미 정리되어 버린 현실을 고려한 것이다. 어떤 의미에서 동일시기에 확산되고 있던 차상찬의 쾌인 용사 안용복의 열기를 식히려는 식민사학자들과의 타협일수도 있다. 이것은 김상기의 주변인물들 특히 조선사편수회에 가담한 인물들과 일본 유학에서 배운 학문의 성격과 주변 인물들의 성향을 본다면 어느 정도 관련성을 찾을 수 있다. 또 다른 면에서 고려되어야 할 점은 이미 울릉도는 일본의 영토가 되었다는 현실과 울릉도 문제를 통한 안용복의 부상이 일제로서는 부담으로 작용하였을 것이다. 이러한 식민통치 시대의 정치적 현실이 김상기의 '안용복과 울릉도'에 그대로 스며들었을 것이다. 시기적으로 이제 민족적 담론은 자연스럽게 약화될 수 밖에 없는 것이며, 일제의 중국 본토 즉 중일전쟁은 더 절실해졌다.

『조선무사영웅전』의 무사 안용복

1940년대에도 안용복은 죽지 않고 살아 있었다. 안확은 『조선무사영웅전』[36]을 통해 살아 있는 안용복, 늠름한 기상을 지닌 무사의 모습으로 우리들에게 돌려주었다. 이제 남은 것은 정신 뿐이었다. 안용복이 대중적인 무사로 우리들에게 다가온 것은 다 **빼앗기고** 남은 것은

---

36) 안확이 『조선무사영웅전』을 저술한 내력과 내용 분석은 심승구, 2005, 『자산 안확의 조선무사영웅전』에서 자세히 확인할 수 있다. 본 책 19쪽에 안확과 그의 학문세계와 관련한 연구성과가 수록되어 있어 참고된다.

정신 뿐이라는 사실을 여지없이 보여준다. 그런데 정신만으로는 해방이 될 수 없다.

안확이 안용복을 무사영웅의 한 사람으로 인식한 것은 안용복의 영웅적 행적을 통해 식민지 현실의 모순을 극복하자는 강한 의지의 발로였다[37]. 이것은 안확이 단순히 무사영웅의 전기만을 취급하지 않았다는 사실에서 확인할 수 있다. 『조선무사영웅전』은 집필시기가 중요한 것이 아니라[38], 집필 동기가 중시되어야 한다. 그는 일제강점기 민족문화에 기초한 자각과 항일투쟁의식을 고취하기 위한 목적에서 이 책을 집필했던 것이다[39]. 그렇다면 이 책 내용의 한 주제인 '안용복과 울릉도'는 무사정신의 투영을 통해 민족의식 나아가 항일투쟁의 원동력으로 회생하는 것이다[40].

그럼에도 불구하고 일제강점과 파쇼체제 강화 시기라는 현실을 극복하기는 어려웠다. 창씨개명을 비롯하여 민족말살정책이 강화되는 시기에 공개적으로 민족의식을 고취한다는 것이 논리적으로도 실제적으로도 맞지 않기 때문이다. 그렇기 때문에 1940년 『조선무사영웅전』(초판본, 성문당)으로 출간되었어도, 원명은 '조선무사지'였다. 이해 4월 9일자로 『동아일보』에 신간으로 소개되었고, 유자후의 서평을 통해 한

---

37) 심승구, 2005, 『자산 안확의 조선무사영웅전』 참고.
38) 종래 1919년으로 알려졌으나 최근 연구에 의하면 1940년에 출판된 것으로 밝혀졌다. 심승구, 2005, 『자산 안확의 조선무사영웅전』, 28쪽.
39) 심승구, 2005, 『자산 안확의 조선무사영웅전』, 20쪽.
40) 정승철, 2012, 「자산 안확의 생애와 국어 연구」, 『진단학보』116 : 이승민,2011,「자산 안확의 생애와 체육사상」,석사논문(중앙대) : 이태진, 1984, 「안확의 생애와 국학세계」, 『자산안확국학논저집』6 : 김용국 외, 2013,「자산 안확의 조선무사영웅전에 대한 체육교육학적 가치탐색」,『한국체육교육학회지』18-3: 한상준, 1995, 「안자산의 조선무사영웅전에 대하여」, 『논문집』19(강원대 과학연구소).

달 뒤에 세상에 알려졌다. 그러나 일제의 압박에서 자유로울 수 없었다. 1942년 1월 「반도무사의 유래와 발전」(『반도사회와 낙토만주』(1호)으로 실었고, 『조선일보』에 「조선무사소사」로 5회에 걸쳐 연재하였다.

'조선무사지', '반도', '소사' 등의 용어에서 민족적인 성격은 약화된다. '반도'사관이 그대로 투영되어 있다는 사실은 결국 지식인들이 식민사관에서 매몰되어 있는 현실을 그대로 보여준다. 이러한 현실에서 민중의 자각과 민중 영웅을 통해 파쇼체제에 맞선다는 것은 참으로 지난한 일이다. 그러나 안용복과 같은 인물의 출현과 그러한 인물이 되기를 바라는 민중의 기대와 희망을 잃지 않으려는 의지가 있었던 것이다.

안확은 안용복의 신분과 기이한 행적을 엮어 민중의 힘을 모을 수 있다는 기대를 갖고 있었다. 직책도 없는 개인이 사력을 다해 변방의 땅, 울릉도를 보전하게 한 일은 정말로 기이한 일임을 강조했다. 이것은 사실 세계에서도 유래를 찾아보기 힘든 일임에는 틀림없다. 위대한 공적에도 불구하고 아무런 댓가도 없이 묵묵히 국가와 사회에 헌신하는 것을 진정한 무사의 길로 생각하고, 그러한 인물의 하나로 안용복을 내세웠던 것이다.

무사란 말없이 거처하고 행하는 것을 본래의 모습으로 여겼다. 그는 조선시대 진정한 무사로 무사대신과 무적武的 문사, 명장과 모범무사, 무사의 이적異蹟으로 구분하고, 안용복의 행적을 이적異蹟으로[41] 정리했다. 세계사의 유래 없는 희귀하고도 통쾌한 일을 한 안용복에 대한 내용은 조선후기 기록의 범위를 벗어나지는 않았다. 말미에 윤행

---

41) 이적에는 병자호란 때의 朴義의 奇勳, 김여준과 8장사, 임경업의 입회하에 백마산성에 명궁 이명립과 시합하여 이긴 최효일과 7의사, 그리고 안용복이 이적의 인물로 평가되었다.

임과 이익의 논설을 그대로 실은 것도 다시 한번 음미해 볼 필요가 있다.

그러나 한가지 다른 점은 분명히 있다. 그는 안용복의 업적을 '장쾌한 의협'으로 규정했다. 그러므로 안용복의 의협을 그대로 묻어서는 안되는 것이다. 그는 안용복의 영웅화와 선양사업을 구상하였고, 그가 제시한 구체적인 방법이 울릉도에 안용복의 동상을 건립하는 것이었다. 안용복 선양사업의 구체화와 실천화 방안으로는 처음 제시된 것이 바로 동상건립으로

'지금 우리가 안용복의 그 장쾌한 의협을 생각하면 다시 말할 것도 없이 그 동상을 울도에 세울 일이거니와, 당시 조정의 무도한 처사를 생각하면 실로 천세의 유감이 있다'.[42]

고 하여 안용복의 동상건립을 주장했다. 안용복의 대중적인 선양사업의 첫 출발이었다. 안용복의 대중화, 영웅화 운동의 구체성은 이미 일제시대 안확이 울도에 동상을 건립하자는 주장으로 나타났다고 할 수 있다. 그러나 일제시대 동상건립은 그 자체가 무의미했고 실현 불가능한 일이었다.

우리는 식민지를 극복하고 해방을 맞이했지만 혼란스러운 해방공간에서 안용복의 존재는 점차 희미해져 갔다. 안확이 지적한 '조정의 무도한 처사'는 조선시대나 식민시대나 해방이후 시대에나 매 마찬가지였다. 만세의 유공자에 처해졌던 중형은 지금 우리가 다시 반성해야 할 일이다. 천세의 유감은 식민시대에 해결될 수 없었다. 어떤 의

---

42) 심승구, 2005, 『자산 안확의 조선무사영웅전』, 192쪽.

미에서는 지금도 '천세의 유감'은 그대로 있다고 할 수 있다.

맺음말

역사적 인물과 사건에 관한 기록은 역사적 배경을 토대로 실제적 인물의 활약상을 그리는 것이 일반적이다. 그런데 이러한 역사적 인물은 사회적인 요인과 이미화의 의미에 따라 달라지는 현상을 보인다. 그러므로 기록하고 이미지화 하는 방식과 목적에 따라 영웅이 되기도 하고, 쾌걸·쾌인이 되기도 하고 무사가 되기도 한다. 안용복이 바로 그런 인물이다.

안용복은 그가 존재했던 조선의 숙종시대부터 관찬사서는 물론이고 많은 문인들에 의해 재발견되면서 다양하게 기록되었다. 일제 강점기를 거치면서 안용복은 민족의 영웅으로 일제의 침략에서 벗어날 수 있는 상징으로 재발견되어 이미지화되었다. 안용복의 삶과 행적을 통해 독립의 의지를 고취하고, 민족운동의 모범과 애국자·독립운동가로 재현되었다.

조선후기 당대에 월경죄인과 영웅으로 대별되었으나, 국권을 상실하면서 민족적 지표로 삼을 만한 역사적 인물과 사건으로 이미지화하면서 외세의 침략에 맞서 영토를 수호한 인물로 각인되었다. 안용복의 전기의 대중화가 바로 일제의 침략과 지배에 대한 저항의 의미를 담게 되었다. 잃어버린 나라를 위해 무엇을 어떻게 할것인가에 대한 민중의 행동을 다짐하게 만드는데 일조하였다.

장지연은 안용복을 통해 자신의 민족의식과 영토의식을 결부하여 국권회복운동을 지향했다. 민멸된 안용복을 세상 밖으로 끌어내 호걸의 칭호를 주고, 안용복 같은 인물이 나타나 잃어가는 영토문제와 외교권을 회복시켜 줄 것을 희망했다. 이윤재는 안용복을 '쾌걸'로 만들어 올바른 일 · 통쾌한 일을 한 호걸로 이미지화 했다. 안용복이 울릉도의 영토를 회복한 일을 생각하면서 일제에게 빼앗긴 주권을 빼앗는 통쾌한 일을 염원했다. 안용복과 같은 쾌걸의 출현을 기대한 것이다.

이러한 민족적 염원은 1930년대에도 그대로 이어졌다. 차상찬이 『별건곤』을 통해 해상의 쾌인용사로 안용복을 이미지화 하고, 안용복의 대중화를 통해 일제의 민족말살 정책에 저항했다. 쾌걸에서 쾌인용사로 진화하면서 안용복은 나라를 위해 민족을 사랑하는 충의에서 나오는 복검할복伏劍割腹의 통쾌한 죽음에 이르는 인물의 상징이 되었다. 조국의 현실이 그만큼 절박해 졌음을 반영하는 이미화의 결과이다.

안용복은 죽지 않고 1940년대에 죽지는 않았다. 그러나 늠름한 기상을 지닌 무사의 모습이긴 하지만, 한편으로는 정신만이 남은 어딘지 모르게 허약한 모습이었다. 1940년대 악랄한 식민통치에서 허물어진 조국의 모습과 같은 조선무사였다. 그러므로 파쇼체제에 맞서기 어려운 조선무사일 뿐이었다. 다만 안용복의 동상건립을 통해 장쾌한 의협을 이어가려는 점에서는 희망을 보였다.

식민시대 안용복의 재현과 이미지화는 조선후기의 기록을 전사轉寫하는 수준을 크게 벗어나지는 않았다. 그러므로 기억하고 기록하는 개인의 주관이나 사상이 유별나게 드러나지는 않지만, 식민시대란 시대적 배경과 염원의 내용은 같았다고 이해된다. 영웅호걸, 쾌걸, 쾌인용사, 무사 등으로 이미지화 되면서 다양한 매체에서 대중에게 나아갈 수 있었고, 공론의 장에서 안용복은 지식인들이 만들어 준 이미지로 대중들에세 인식되어갔다. 그것이 결국 오늘의 우리들이 안용복을 울릉도 · 독도와 연계하는 상식이 되게 만들었다. 결론적으로 말하면 일제시대 안용복의 이미지는 그 시대의 요청에 의해 등장했고, 또 이끌어 갔다.

▌김병우 (대구한의대학교 교수) ▌

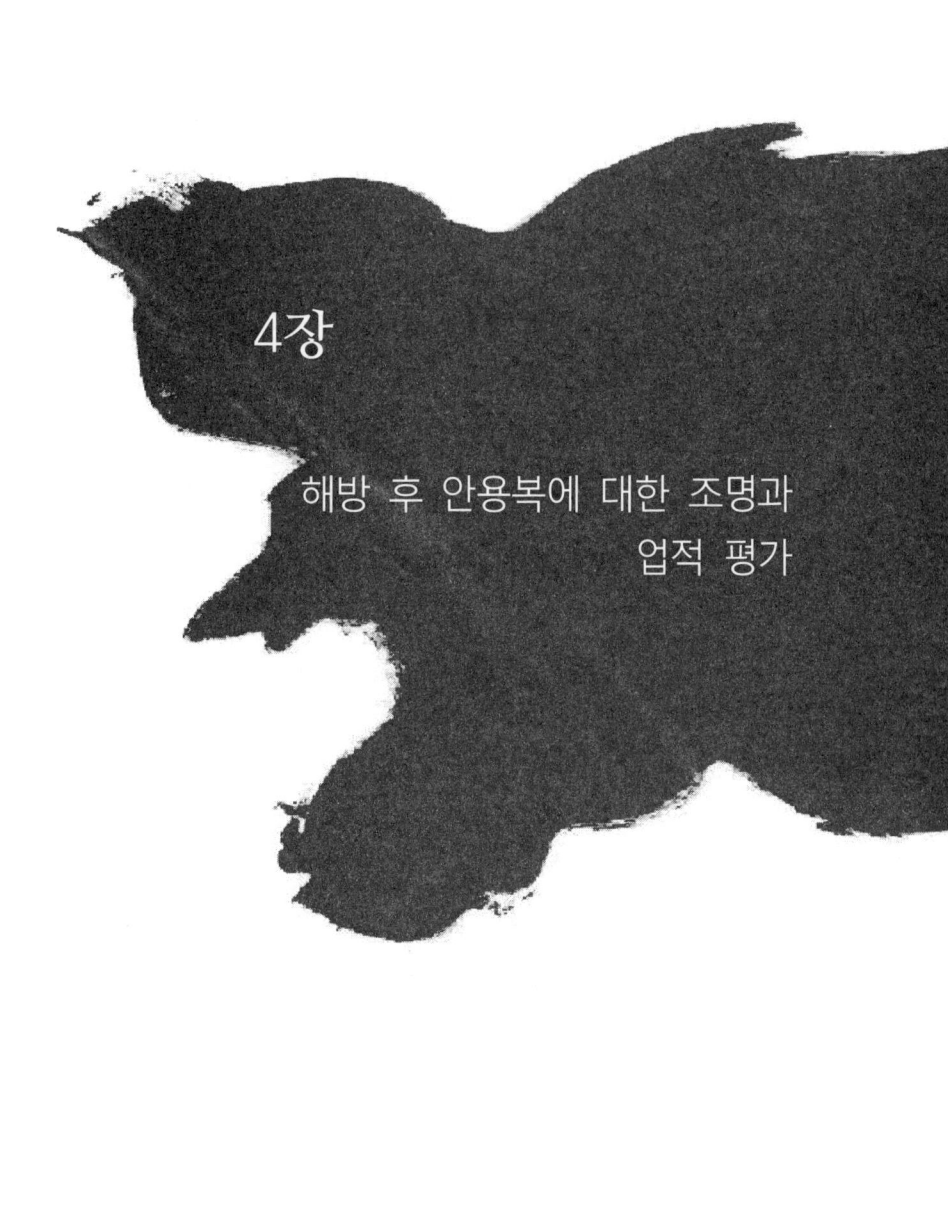

4장

해방 후 안용복에 대한 조명과
업적 평가

해방 후 안용복에 대한 조명과 업적 평가

김성은

▌머리말

　본 연구는 2015년도 대구한의대학교 안용복연구소가 개최하는 학술회의 발표 주제에서 시작되었다. 이 학술회의는 안용복을 장군으로 호칭하는 것에 대한 문제 제기에서 시작되어 안용복의 영웅화 이미지화 과정을 조명해 보고자 기획되었다. 본 연구는 역사적 인물이자 위인으로서 안용복(과 그의 업적)에 대한 조명과 평가가 어떻게 형성되고 진행되었는지 해방 후부터 지금까지의 현황을 중심으로 검토해보고자 한다.

　이를 위해 언론에 나타난 안용복 관련 기사, 안용복장군기념사업회의 조직과 활동, 안용복 관련 저작물(위인전, 소설 등 교양서 중심)의 발간 현황, 고등학교 한국사 교과서 8종의 안용복 관련 기술을 분석 대상으로 하여 연구를 진행했다.

　해방 후 안용복에 대한 사회적 조명과 평가 작업은 일본의 독도영유권 주장과 독도 도발이라는 시대적 배경, 안용복장군기념사업회의 조직 및 활동과 밀접한 관련이 있었다. 본 연구에서는 안용복을 거론하고 조명하는 언론의 추이, 안용복장군기념사업회의 안용복 기념사업, 언론과 저작물에 나타난 안용복 수식어·서술어 분석, 고등학교 한국사 교과서의 안용복 관련 서술 분석을 통해 안용복 이미지화 과정에 대한 실체를 규명하고 앞으로의 서술 방향을 제시해보고자 한다.

▌독도문제의 대두와 언론의 안용복 조명

안용복을 장군으로 높여서 기억하려는 노력은 부산 지역사회에서 시작되었고 안용복을 기념하려는 부산 지역사회의 노력은 해방 이후 일본이 제기한 독도영유권 시비와 맞물려 있었다. 1952년 이승만 정부가 평화선 선언으로 한국의 해양 주권을 공표하자 일본인 가운데 독도영유권을 주장하는 이들이 목소리를 높이기 시작했다.43) 1953년 6월 일본정부는 해상보안청과 출입국 관리 30여 명을 순시함 두 척에 승선시켜 독도에 파견, 상륙하게 하고 어업에 종사하던 한국인 6명을 강제로 퇴거시키고 일본영토라는 게시판을 달았다. 우리 정부는 일본정부에 강경하게 항의 각서를 전달하고 해상경비대를 파견해 독도를 수복했다. 이때부터 일본은 독도를 일본영토라고 주장하며 한일관계에 갈등을 일으키기 시작했다.44)

일본의 독도 도발에 대해 우리나라 사람들은 크게 분개했고 이러한 분위기에서 부산 사람들은 조선후기 왜와의 울릉도·독도영유권 시비과정에서 울릉도·독도가 조선의 땅임을 명확히 하는데 큰 역할을 했

---

43) 안용복장군기념사업회 편, 『守彊祠志: 울릉도 독도 지킴이 안용복 장군 사당』 (부산: 안용복장군기념사업회, 2004), 110쪽.
44) 「일본 트러블 (8)독도」, ≪동아일보≫, 1964년 2월 8일자.

던 안용복이라는 인물에 주목하기 시작했다. 일본의 독도영유권 주장으로 야기된 한일갈등을 배경으로 1954년 대동문교회大東文教會는 울릉도가 오늘날 우리 영토에 들어있게 된 데에는 안용복의 공적이 크다고 평가했다. 그리하여 대동문교회 10주년 기념사업으로 안용복의 공적을 기리는 작업을 추진해 독전獨戰 승리자라는 뜻에서 안용복을 "독전왕 안용복 장군"으로 추존했다.45)

1957년 1월 일본정부는 독도영유권을 주장하는 각서를 한국정부에 보냈다.46) 이에 동명서예연구원장 곽정모, 정충장공 향사 계장 유유진, 대동문교회장 조동신 등이 안용복의 국토수호정신을 본받아 민족주체성에 입각한 민족정기를 바로잡기 위해 1957년 1월 안용복장군기념회를 발기했고 1957년 11월 안용복장군기념회가 정식으로 발족되었다.47) 안용복 장군 칭호, 안용복장군기념회 발족에는 독도영유권을 확고히 해야 한다는 부산 시민들과 우리나라 사람들의 염원이 반영되어 있었다.48)

국교 재개 및 배상 문제 해결을 목표로 진행된 한일회담 과정에서 "독도영유권문제"가 다시 부상되고 이 문제가 언론의 주목을 받기 시작하면서 조선시대 영토수호자로서 "안용복"이 거론되기 시작했다. 1957년 2월 동아일보에 독도영유권문제에 관한 김기수의 시론이 게재되었다. 이에 대해 황상기는 독자에게 보다 정확한 사실을 제공하고

---

45) 안용복장군기념사업회 편, 『守彊祠志: 울릉도 독도 지킴이 안용복 장군 사당』, 443쪽.
46) 「일본 트러블 (8)독도」, ≪동아일보≫, 1964년 2월 8일자.
47) 안용복장군기념사업회 편, 『守彊祠志: 울릉도 독도 지킴이 안용복 장군 사당』, 441쪽.
48) 안용복장군기념사업회 편, 『守彊祠志: 울릉도 독도 지킴이 안용복 장군 사당』, 111쪽.

한일회담에서 독도영유권문제를 해결하는데 도움을 주고자 하는 뜻에서 "독도영유권"을 기고해 "숙종실록 1696년 안용복 관련 기록에 의하면 독도는 조선영토였고 또한 지금도 울릉도의 부속 섬으로 그 영유권이 한국에 있음"을 논증했다.49) 이어 강성재(서울대 법대)는 법리적 관점에서 "독도의 귀속문제"를 고찰하며 "안용복 (납치) 사건"을 계기로 울릉도·독도가 조선의 영토로 인지되기 시작했다고 보았다.50)

1959년 11월 부산시중등교육회, 대동문교회, 단군도덕회, 동래기영회耆英會, 경남문화단체연합회, 동명서예연구원 등 부산의 여러 단체가 공동명의로 전 국민이 안용복장군기념사업에 적극 호응할 것을 호소하는 취지문을 발표해 안용복의 국토수호정신을 환기시켰다. 이어 1960년 2월 부산에 있는 안씨 문중에서 안용복기념사업추진위원회를 조직하고 같은 해 10월 3일 노산 이은상이 안용복 충혼탑 건립문을 작성했다. 이 글에서 이은상은 안용복을 "울릉군鬱陵君"으로 격상해 호칭하며 그 업적을 기리고자 했다.51) 안용복은 울릉도 영유권을 넘보는 일본 어부와 대마도주의 간계에 대항해 울릉도와 독도를 우리의 영토로 되돌린 공적을 기념하는 뜻에서 "수포장 울릉군 안용복"으로 추존되었다.52)

1961년 한일정상회담 및 한일회담 등 국교정상화 및 현안문제 해결을 위한 노력이 경주되고 있는 가운데 일본은 또다시 독도영유권문제를 들고 나와 한일관계에 위기를 조성했다. 12월 일본은 "독도는 일

---

49) 황상기, 「독도영유권」, ≪동아일보≫, 1957년 2월 28일, 3월 4일자.
50) 강성재, 「독도의 귀속문제」, ≪동아일보≫, 1959년 10월 27일자.
51) 김의환 편저, 『부산의 고적과 유물』(안용복장군기념사업회, 아성출판사, 1969), 187쪽.
52) 안용복장군기념사업회 편, 『守彊祠志: 울릉도 독도 지킴이 안용복 장군 사당』, 254~257쪽.

본의 영토이므로 독도에 거주하는 한국인 및 시설을 철거해줄 것"을 요구하는 항의서를 한국에 보내왔다. 이에 대해 한국은 "일본정부가 독도의 인원 및 시설 철거를 요구한 것은 한국에 대한 내정간섭"이라고 항의서를 보냈다.53) 이 사건을 배경으로 울릉도와 독도의 영유권이 "안용복 일행과 일본 어민 간의 충돌사건"을 계기로 조선에 있음이 명백해졌고, 독도는 울릉도의 부속도서로 역사적, 국제법적, 지리적 측면에서 한국의 영토이며, "우리나라를 지키는 동해상의 보루"임을 강조하는 칼럼이 게재되었다. 한일청구권 협상과정에서 일본이 독도영유권문제를 들고 나오는 것은 한일문제 해결이 국내 정계의 반대와 여론 악화로 난관에 부딪히는 경우 국내 정치계와 여론을 안정시키기 위한 방책으로 사용하기 위한 의도이며 한국의 대일 재산청구권 문제 제기에 최소의 대가를 지불하려는 저의가 깔려있다고 분석했다.54)

1953년부터 1964년까지 10년 넘게 일본은 독도영유권문제를 들고 나와 한국의 주권을 침해하고 한일 간에 긴장을 야기했다. 1962년에는 독도에 대한 한일 공동 영유를 주장하고 1963년에는 독도영유권 문제를 국제사법재판소에 제소하겠으니 동의해 달라는 억지를 부렸다.55)

이러한 시대적 상황을 배경으로 1962년 ≪동아일보≫는 육군본부 전사관戰史官이자 저술가인 한찬석의 「독도비사(祕史) 안용복 소전少傳」를 게재하고 안용복을 "일세의 공로자" "충신" "민족의 은인"으로 재평가했다. 한찬석은 안용복이 "대장부로서 분연히 떨치고 일어서 불안에 싸인 어촌의 안녕 질서와 해안 경비의 대임을 맡아 바다의 패자"

---
53) 「일본 트러블 (8) 독도」, ≪동아일보≫, 1964년 2월 8일자.
54) 「독도의 역사적 배경」, ≪경향신문≫, 1961년 12월 29일자.
55) 「일본 트러블 (8)독도」, ≪동아일보≫, 1964년 2월 8일자.

로서 이름을 날렸으며 "노군艪軍의 총관"이 되어 왜구를 격퇴해 "가는 곳마다 왜구의 자취가 사라져 해상의 구원주"가 되었다고 기술했다.56) 한찬석은 안용복을 장보고, 이순신 장군과 같은 반열에서 서술하며 당 파싸움에 여념이 없는 무능한 조정을 대신해 "안용복이 나라의 뒷받침 도 국민의 원조도 없이 일본으로 누차 왕복하면서 고군분투하여 우리 강토를 기어이 도로 찾은" 공덕을 높이 평가했다. 이 연재물은 1965년 단행본(『독도비사 안용복 소전』)으로 간행되었다.57) 한찬석의 글에 의하면 일본인의 점유 기도에 대항해 독도영유권이 조선에 있다고 주 장했던 안용복의 논리는 역사적 근거와 지리적 근접성에 기반을 두고 일본측의 회유와 지연작전, 옥고에도 굴하지 않고 강경한 태도와 꿋꿋 한 자세로 일관했던 그 자체에 있었다.

> 울릉도(독도는 이미 신라와 고려 때부터 울릉도에 예속되어 있었 다)는 자고로 조선의 영토이다. 지형으로 보더라도 그러하다. 조선은 울릉도 및 독도까지 1일정이요 너희 일본은 독도까지 5일정이다. 그러 므로 옛날부터 울릉도와 독도가 조선에 속한지라...58)

한찬석의 글에서 특징적인 점은 안용복의 부인(류류부인)을 새롭 게 등장시켰고, 울릉도에서 박어둔 등이 일본인을 쫓아내는데 3명의 조선인 부녀자의 도움이 큰 역할을 하는 등 여성인물을 등장시키고 있 다는 점이다. 기존의 문헌에서는 확인되지 않는 사실로 픽션 소설이지

---

56) 한찬석, 「독도비사 안용복 소전」 (1)~(4), ≪동아일보≫, 1962년 2월 17~20 일자.
57) 한찬석, 『독도비사 - 안용복 소전 / 독도』(대한공론사, 1965).
58) 한찬석, 「독도비사 안용복 소전」 (2), ≪동아일보≫, 1962년 2월 18일.

만 한편으로 이 글을 쓸 때『문헌비고』,『남구만문집』,『일사유지(일사유사?)』,『국사대관』,『평북 구성龜城 안씨 보』를 참조했다고 참고문헌을 제시하고 있다는 점에서 역사적 자료도 활용했음을 알 수 있다.

같은 해 1965년 신석호의『동해의 초병哨兵 안용복』도 단행본으로 출간되었다.59) 신석호는 역사학자로 국사관 관장, 국사편찬위원회 사무국장을 역임한 인물로 이 책의 출간 당시 성균관대 사학과 교수로 재직 중이었다. 역사학자로서 그는 안용복과 독도문제의 경과를 역사적 사실에 근거해 기술하고자 했다. 안용복이 미천한 어부 출신으로 수군에 들어가 능로군能櫓軍으로 복무했으며 울릉도와 근해의 영토를 수호한 업적을 기려 안용복을 "동해의 초병"이라고 평가했다.60) 울릉도와 독도는 "안용복의 특별활동"에 의해 일본정부도 조선 영토라고 인정했으며 그 사실이 숙종실록, 문헌비고, 통문관지에 기록되어 있다는 것이다.61)

안용복장군기념사업회의 조직과 안용복 선양 활동

1960년대 일본이 한국의 독도영유권에 문제를 제기하며 우리 영토를 위협했다. 이러한 위기에 대응하기 위해 안용복장군기념사업추진위원회가 조직되어 안용복의 영토수호 업적을 기릴 수 있는 구체적인 방법을 찾고자 했다. 1963년 11월~1964년 9월 안용복장군기념사

---

59) 신석호,『동해의 초병(哨兵) 안용복 / 인물한국사 4: 시련의 대열』(인물한국사편찬회, 박우사, 1965).
60) 안용복장군기념사업회,『안용복장군: 울릉도·독도의 내력』(부산: 안용복장군기념사업회, 1967), 46쪽.
61)「일본 트러블 (8)독도」, ≪동아일보≫, 1964년 2월 8일자.

업추진위원회는 안용복 충혼탑 건립 예정지로 부산의 용두산공원과 동래 금강공원을 대상으로 부산시와 교섭을 벌였으나 해결점을 찾지 못했다. 이에 안용복 기념사업을 보다 효율적으로 적극적으로 추진하기 위한 현실적 과제로 기념사업회 자체의 체제 강화와 개편 움직임이 대두되었다. 1965년 5월 이희보, 강재호, 안관성, 박근수, 안종선, 오재정, 안창준, 이남근, 김의환 등이 중심이 되어 발기인 규합에 나섰다. 1966년 부산시 중등교육회, 대동문교회, 단군도덕회, 동래기영회, 경남 문화단체연합회, 동명서예연구원이 발기자가 되어 사단법인 안용복장군기념사업회 창립총회가 개최되었고 진용이 개편, 재정비됨에 따라 사단법인 안용복장군기념사업회가 결성되었다.62)

1965년 언론에서 "독도문제가 현안"으로 떠올랐다고 보도할 정도로 한일 간에 "심상치 않은 분쟁의 불씨"로 남아 국교 정상화의 새로운 이슈로 부각되었다. 일본은 독도영유권 문제를 국제사법재판소에 제소하거나 제3국의 조정에 맡기자는 주장을 끈질기게 반복했다.63)

이듬해인 1966년 부산시 중등교육회, 대동문교회, 단군도덕회, 동래기영회, 경남문화단체연합회, 동명서예연구원이 발기자가 되어 안용복장군기념사업회가 창설되었고 이사장에 강재호, 상무이사에 안관성이 취임하면서 사업에 박차를 가하게 되었다. 강재호에 의해 「사단법인 안용복 장군 기념 사업회 취지문」 작성되었고, 안관성은 역사학자이자 사학과 교수 김의환이 저술한 『안용복 장군 약전安龍福將軍略傳』 500부를 비매품으로 발간하고 이를 국내 각 기관에 배포해 안용복의 활약상과 정신을 널리 알리고 안용복기념사업에 시민들의 참여

---

62) 김의환 편저, 『부산의 고적과 유물』, 187~188쪽.
63) 「현안으로 등장한 독도문제」, ≪경향신문≫, 1965년 5월 11일자.

를 촉구했다. 1967년에 김의환이 편찬한 안용복 전기와 안관성 상무이사가 수집한 사료를 묶어 『안용복장군: 附 울릉도·독도의 내력』 1,000부가 비매품으로 출간되어 전국의 공공도서관, 기관, 학교, 유지들에게 배포되었다.[64] 이는 사람들에게 안용복과 그의 업적을 새롭게 인식시키고 안용복이 안용복장군으로 널리 알려지게 되는 계기가 되었다고 본다.

「사단법인 안용복 장군 기념 사업회 취지문」에는 회를 결성한 배경과 목적이 나타나있다. 안용복장군기념사업회가 결성된 1960년대 중반 대한민국은 박정희 대통령을 중심으로 국가재건에 매진하며 한일 국교를 정상화하려는 노력을 기울이고 있는 가운데 일본의 독도영유권 주장과 일본인들의 빈번한 월경 출어로 한일 양국에 갈등이 고조되고 있었다. 회의 목적은 우리 영토를 수호한 안용복의 공적을 재평가해 민족사에 복원시키고 안용복의 국토수호정신을 후대에 전해 민족의 귀감을 삼고자하는 데 있었다.[65] 안용복을 기념하는 공간을 조성하기 위해 1966년 영도 태종대공원을 안용복 충혼탑 건립 후보지로 내정하고 현지답사를 했다. 안용복 충혼탑 건립 승인을 위해 부산시와 교섭했으나 이루지 못했다.

1967년 1월 18일 박정희 대통령은 국토를 수호한 안용복의 공을 치하하며 안용복장군기념사업회에 〈국토수호國土守護 기공불멸其功不滅〉이라고 적은 친필 휘호를 수여했다. 그리고 몇 달이 지나지 않아 동래구 행정조정위원회 위원장으로부터 유적지인 수영공원에 안용복 충혼탑을 건립해도 좋다는 승인을 받게 되었다. 이에 숙원사업으로 추

---

64) 김의환 편저, 『부산의 고적과 유물』, 189쪽.
65) 안용복장군기념사업회 편, 『守疆祠志: 울릉도 독도 지킴이 안용복 장군 사당』, 444~447쪽.

진하던 안용복 충혼탑을 수영공원 안에 건립하게 되었다.66) 여러 해 부산시와 교섭했음에도 불구하고 여의치 않았던 안용복 충혼탑 건립 사업이 박정희 대통령의 친필 휘호 〈國土守護 其功不滅〉을 계기로 가능하게 되었음은 시사하는 바가 크다.

안용복과 그의 업적을 추모하는 박정희 대통령의 친필 휘호는 1967년 1월 10일 『안용복장군』이 378면의 두께로 발간되어 안용복의 업적과 관련 사료, 울릉도·독도의 내력이 체계적이고 학문적으로 정리되어 있었기에 가능한 일이었다고 생각된다. 이 책에는 조선 실학자 이익, 한말 황성신문 주필 장지연, 역사학자 신석호가 쓴 안용복의 전기, 역사학자 이선근과 신석호가 쓴 울릉도와 독도의 내력에 관한 글, 안용복에 관련된 한국측 사료와 일본측 사료, 안용복장군기념사업회의 연혁까지 포함되어 있어 안용복과 그의 업적을 추모해야하는 명분과 실제가 명확하게 제시되어 있었다. 이는 박정희 대통령이 친필 휘호를 내리는 계기가 되었을 것이며 대통령의 친필 휘호는 안용복의 업적을 선양하기 위한 기념사업회의 추진력이 되어 수영공원 내 안용복 충혼탑 건립으로 이어지게 되었다.67)

1964년 경상남도 안문종친회와 경상북도 해군본부가 공동으로 〈안용복 장군 충혼비〉 건립을 추진하여 시인 이은상이 안용복이 업적을 기리는 글을 짓고 이봉춘이 써서 울릉도 남면 도동 약수터 가는 길에 〈안용복 장군 충혼비〉를 세웠다. 또한 안용복장군기념사업회는 1967년 10월 부산 수영사적공원 안에 〈안용복 충혼탑〉을 세우고 매년 6월 6일 그 앞에서 제향을 봉행했다.

---

66) 김의환 편저, 『부산의 고적과 유물』, 189~190쪽.
67) 「횡설수설」, ≪동아일보≫, 1967년 11월 9일자.

해방 후 안용복에 대한 조명과 기념사업은 일본의 독도영유권 주장과 밀접한 관련이 있었다. 안용복이 살았던 시기에 일본인이 조선의 영역을 침범해 수시로 드나들며 자원을 채취해 갔음에도 조선 조정은 이를 인지하지 못했고 아무런 조처를 취하지 않고 있었다. 이 때 울릉도와 독도가 엄연한 우리 땅임을 주장하며 일본에 항의하는데 선봉을 섰던 이가 안용복이었다. 안용복과 박어둔 납치사건은 안용복이 "국제분쟁의 주인공으로 최초로 등장"해 "시민외교관으로 활약"한 사건이었다.68)

이러한 맥락에서 1960년대 후반 독도영유권문제가 한일 간의 이슈가 되어 갈등을 야기하던 때 안용복과 같은 인물에 대한 필요성과 공감대 형성이 그를 기억하고 기리고자 하는 기념사업으로 표출되었다.

> 안용복이라는 풍운아가 죽은 지 300년만에 장군이라는 칭호가 붙여지고 충혼탑과 전기가 나오게 되었으니 이제 그의 원혼도 명목(瞑目)할 날을 맞은 셈인가 … 시민외교관의 큰 성과가 정당하게 평가되지 못한 셈이지만 이제 '장군'이 되었고 충혼탑이 서고 전기가 나왔으니 민족이 그를 잊지 않은 사실에 명목하기를 바란다.69)

대통령의 친필 휘호는 안용복의 업적에 대한 인정을 의미하며 이는 안용복과 함께 안용복장군기념사업회의 이름과 사업이 널리 알려지고 "안용복 장군"이란 호칭이 널리 받아들여지게 된 계기가 되었을 것으로 생각된다. 또한 책 발간, 충혼탑 건립 등 안용복장군기념사업

---

68) 「횡설수설」, ≪동아일보≫, 1967년 11월 9일자.
69) 「횡설수설」, ≪동아일보≫, 1967년 11월 9일자.

회의 활동과 함께 안용복 장군이라는 호칭이 점차 확산되고 익숙해져 갔다고 하겠다. 이즈음 안용복장군기념사업회의 상무이사 안관성이 상경 인사차 경향신문사를 방문했다는 기사에서 안용복장군기념사업회의 활발한 행보가 언론에 대한 홍보활동까지 이어졌을 것으로 생각된다.70)

1977년 일본이 다시 독도영유권을 주장하며 도발해 오자 안용복은 다시 언론의 관심과 조명을 받기 시작했다. 경상북도는 독도에 대한 인식을 새롭게 하기 위해 관련 지도와 그림을 전시해 전시회를 개최했다. 안용복은 도쿠가와 막부로 하여금 대마도주에게 독도가 조선의 영토임을 확인하고 일본어민의 어로내왕을 금지하는 령을 내리게 해 독도가 우리 땅임을 증명해준 인물로 부각되었다. 안용복은 일행과 함께 독도에서 일본어부들을 추방하고 두 차례 일본인과의 담판에서 독도가 우리 땅임을 인정받는 장면으로 묘사되어 독도 수호자로 부각되었다.71) 안용복은 동해와 남해에서 일본해적의 행패가 심한데 대해 분연히 떨치고 일어나 싸워 "독도를 지킨 인물"로 부각되었다.72)

안용복장군기념사업회는 1970년대 이후 별 활동 없이 침체기를 겪었다. 그러다 1994년 원곡학원 안관성 이사장, 광복회 부산지회 이태길 회장, 동아대 정중환 대학원장, 순흥 안씨 부산 화수회 안연세 회장 등 각계 저명인사 27명이 모여 "안용복장군기념사업회" 발기인회를 개최하고 회를 재조직했다. 이에 이태길 회장을 중심으로 안용복장군기념사업회가 다시 정식으로 발족하게 되었다. 1996년 일본정부는 독도영유권 시비를 재개했다. 이는 한국이 200해리 배타적 경제수역

---

70) 「내방」, 《경향신문》, 1967년 10월 24일자.
71) 이일재, 「독도 한국령은 사료도 증명」, 《동아일보》, 1977년 5월 18일자.
72) 「여적」, 《경향신문》, 1977년 10월 26일자.

을 선포하기 전에 독도영유권 문제를 다시 거론해 독도문제를 국제이슈화해서 일본에게 유리한 분위기를 조성하려는 의도였다.

일본의 독도 도발에 대항해 안용복장군기념사업회는 1996년 『(증보) 안용복 장군: (붙임) 울릉도·독도의 역사』를 발간해 전국의 각 도서관과 기관에 널리 배포했다. 또한 수영구청에서 추진하는 수영공원 정화사업에 적극 참여하여 수강사 건립, 동상 건립, 충혼탑 이건 사업을 추진해 2001년 완공을 보았다. 이후 안용복에 대한 제향일을 4월 18일로 정해 봉행했는데 이는 안용복이 무단 월경 혐의로 사형을 언도 받았다가 유배로 감형된 날짜가 4월 18일(양력 환산)로 명기되어 있음에 근거한 것이었다.73) 2008년에는 (사)안용복장군기념사업회는 (사)3·1동지회 등 시민단체들과 함께 안용복 장군 기념공원 조성사업에 적극 동참하기로 했다. 그러나 결실을 보지는 못했다.74)

1950년대 안용복을 장군으로 추존해서 칭하며 그의 공적을 기념하려는 이들의 움직임이 시작되었다. 1960년대 안용복장군기념회, 안용복장군기념사업회, 사단법인 안용복장군기념사업회 결성 및 재정비를 거치며 안용복 기념사업이 전개되었다. 회의 발기자, 임원 및 회원, 후원자, 연구자들은 주로 순흥 안씨 집안 인물들, 신석호·김의환과 같은 역사학자 및 교수, 광복회 부산지회 관련 인물들이 주류를 이루고 있으며 천도교 교령도 참가했다. 이들을 중심으로 안용복 전기 및 관련 사료 발간, 충혼탑 건립, 수강사 및 동상 건립 등 안용복 기념사업이 꾸준히 추진되었고 매년 제향이 봉행되었다. 특히 안용복장군기념사업회가 출간한 『안용복장군: 울릉도·독도의 내력』(부산: 안용복장

---

73) 안용복장군기념사업회 편, 『守疆祠志: 울릉도 독도 지킴이 안용복 장군 사당』, 450~457쪽.
74) 「'독도' 안용복 기념공원 본격 추진」, 《부산일보》, 2008년 8월 7일자.

군기념사업회, 1967),『부산의 고적과 유물』(김의환 편저, 안용복장군기념사업회, 1969),『안용복장군: 울릉도·독도의 역사』(김의환 엮음, 이태길 옮김, 안용복장군기념사업회, 1996),『守疆祠志: 울릉도·독도 지킴이 안용복 장군 사당』(안용복장군기념사업회 편, 부산: 안용복장군기념사업회, 2004)이 전국 각지의 도서관, 기관들에 배포되면서 안용복과 그의 국토 수호 공적이 널리 알려지게 되었다.

▎ 안용복에 대한 사회의 인식과 평가

(1) 장군론

해방 후 안용복이 언론의 조명을 받게 된 배경에는 안용복장군기념사업회의 꾸준한 노력이 있었다.

일본은 독도영유권을 주장하며 한일국교 정상화 과정에서 이를 한일회담의 의제로 삼으려고 획책했다. 이에 대한 대항 논리로 안용복을 재조명하고 선양하는 작업이 필요했기에 시의성이라는 측면이 강하게 작용했다. 이 과정에서 안용복은 안용복 장군이라는 호칭으로 널리 통용되며 우리의 영토를 수호한 위인으로 추앙받게 되었다.

최근 안용복을 장군으로 호칭하는 것이 과연 적절한가에 대한 의문이 제기되었다. 안용복이 실상은 천민 출신의 어부 또는 수군의 노군이었음에도 한국인들 특히 어린이, 청소년들에게 안용복이 장군이었다는 잘못된 지식을 심어주게 되고 이는 독도영유권을 주장하는 일본인과의 논리 대항에서 마이너스가 될 수 있다는 우려에 근거한 것이었다. 문제 제기에 일리가 있다.[75]

---

75) 현시점에서 안용복을 장군으로 호칭하는 것에 대한 우려를 해결하는 방법은 네 가지가 있다고 본다. 첫째 공식적으로 사회적으로 추증 절차와 예식을 거행

그러나 현실적으로 안용복은 이미 많은 사람들과 대중매체에 의해 안용복 장군으로 호칭되고 있다. 이 가운데는 안용복이 어민이었지만 장군으로 추존해 부르고 있다는 사실을 아는 이들도 적지 않고 안용복을 장군이라고 부르는 것에 대해 별다른 이의 없이 예우 차원으로 받아들이는 이들도 많은 실정이다.

"여러 대를 끌어온 분쟁을 그치게 하고 한 고을의 토지를 회복"한 공적을 들어 처음 안용복을 "영웅"에 비길만한 인물, "영특한 또는 특출한" 인물, "장수급으로 등용"할만한 인물로 높이 평가했던 이는 조선의 실학자 이익이었다. 한말 장지연은 조선시대 석재 윤행임, 실학자 이익이 안용복에 대해 서술한 글을 인용하며 안용복의 공적을 높이 평가하고 그를 "호걸"로 지칭했다.76) 부산교육대 교수 오인택 역시 안용복의 공적을 높이 평가한 윤행임과 이익의 글을 인용하며77) 안용복이 장군으로 불리게 된 현상을 사회적 맥락에서 다음과 같이 설명하고 있다.

> 그는 조선사회의 양반, 중인, 평민, 천민 네 신분 가운데 천민에 속했고 동래부 좌수영의 하급 수군이었다. 하지만 오늘날 사람들은 그를 안용복 장군이라고 높여 부르기를 원한다. 안용복을 기리기 위한 기념

하는 것이다. 둘째 기존의 안용복 장군이란 호칭이 거부감 없이 일반적으로 쓰이고 있는 만큼 그대로 사용하되 다만 후대에 와서 장군으로 추존해서 부르게 된 것임을 어린이, 학생, 일반인들이 분명하게 인지할 수 있도록 교육을 실시하는 것이다. 셋째 장군이라는 호칭 대신에 다른 적절한 호칭을 대안으로 제시해 공론화하는 것이다. 넷째 장군이라는 호칭을 빼고 안용복으로만 호칭하는 것이다.

76) 안용복장군기념사업회 편, 『守疆祠志: 울릉도 독도 지킴이 안용복 장군 사당』, 42~44쪽.
77) 안용복장군기념사업회 편, 『守疆祠志: 울릉도 독도 지킴이 안용복 장군 사당』, 104쪽.

비와 탑에도 모두 '안용복 장군'으로 기록되었다. 그러한 호칭에는 당시 안용복이 울릉도·독도의 영유권을 지키기 위해 보인 활약상을 오래도록 기억하자는 바람이 깃들어 있다.[78]

오인택은 오늘날 사람들이 안용복을 높여 장군이라 부르며 기리는 현상에 대해 현재의 울릉도·독도 영유권은 17세기 말 안용복이 왜와의 영유권 시비를 극복하는 과정에서 확립되었고 이 과정에서 천민신분의 수군 군졸 안용복의 용기와 의지가 영유권 시비를 극복, 종식시키는데 큰 역할을 했기 때문이라고 보았다. 이처럼 해방 후 안용복에 대한 사회적 조명과 평가는 오늘날 대한민국이 일본의 독도 침탈 기도를 저지하고 영토를 수호하는데 정부의 노력뿐 아니라 국민(시민)들의 관심과 참여가 중요함을 시사했다는데 의의가 있다.[79]

(2) 위인론

1960년대 안용복에 대한 보도기사 및 저술은 다음과 같다.

〈안용복 관련 저술 및 기사〉

저자	제목	출처	저술 시기	출신	평가
한찬석	독도비사 안용복 소전	동아일보 1962.2.17.~20.	1962년	넉넉한 가세, 편모	소년장사, 검술에 능, 일세의 공로자
고균성	위인들의 모습 안용복	동아 1964.4.25.	1964년		위인, 애국자, 숨은 영웅
한찬석	독도의 비밀 역사	단행본	1965년	넉넉지 않은	충신, 민족의 은인

---

78) 안용복장군기념사업회 편, 『守彊祠志: 울릉도 독도 지킴이 안용복 장군 사당』, 110쪽.

79) 안용복장군기념사업회 편, 『守彊祠志: 울릉도 독도 지킴이 안용복 장군 사당』, 120쪽.

해방 후 안용복의 업적 조명과 기념사업 117

	안용복 약전			가세, 편모	
신석호	동해의 초병 안용복	인물한국사 4 (박우사)	1965년	동래 거주 미천한 어부, 수군 능로군	초병
김화진	동래부사의 야욕과 애국자 안용복	안용복장군: 울릉도·독도의 내력	1967년	미천, 수군	호걸 애국자
안용복장 군기념사 업회	안용복장군: 울릉도·독도의 내력	이익, 장지연, 한찬석, 신석호, 김화진	1967년		
-	횡설수설	동아 1967.11.9.	1967년	동래 사람, 관직 없는 백성	풍운아, 시민외교관

이상에서 안용복이 신분은 노군, 미천, 군졸, 수군, 능로군, 어부, 관직 없는 백성으로, 그에 대한 평가는 일세의 공로자, 위인, 애국자, 숨은 영웅, 충신, 민족의 은인, 동해의 초병, 호걸, 장군(장수), 풍운아, 시민외교관으로 기술되었다.

안용복의 삶과 공적은 1960년대 후반 어린이들에게 위인전으로 읽히기 시작했다. 한국여성단체협의회는 어린이의 정서교육과 성장에 도움이 될 아동문고의 선정을 위해 각 방면의 권위자로부터 60여 권의 양서를 추천받았는데 위인전 가운데 〈안용복〉이 포함되었다. 이는 한국사회가 안용복을 위인으로 인정하고 일반인들에게 안용복이 위인으로 광범하게 인식되기 시작했음을 의미한다.[80]

1980년대 안용복은 대중매체를 통해 울릉도·독도 지킴이로 부각되기 시작했다. 라디오 〈인물 한국사〉 시리즈의 드라마로 제작되어 "울릉도를 지킨 안용복"이란 제목으로 방송되었다.[81] 또한 KBS 1TV

---
[80] 「어린이 정서교육에 큰 도움, 양서 60권 선정」, ≪매일경제≫, 1968년 8월 13일자.
[81] 「KBS선 〈인물 현대사〉〈맥〉 재발견 작업 활발」, ≪매일경제≫, 1984년 2월 4일자.

역사드라마 〈선구자〉 가운데 한 인물로 선정되어 조선시대 "민간외교가 안용복"으로 전국에 방영되었다.82) 이런 과정을 거쳐 1990년 즈음 안용복은 "독도를 지킨 민간외교가"의 이미지로 널리 알려지게 되었으리라고 생각된다.83)

　　1996년 일본 언론은 일본정부가 독도영유권 시비를 재개할 움직임을 보인다고 보도했다. 한편 한국 언론에는 17세기 독도 인근 해역에서 일본인의 남획이 심해지자 "숙종이 안용복 일행을 특사로 파견"해 일본으로 하여금 울릉도와 독도가 우리 영토임을 인정하게 했다는 기사가 게재되었다.84) 이처럼 안용복의 도일에 관한 담론이 납치(제1차 도일)보다는 영토수호 임무를 위한 자발적 도일을 강조하거나 임금의 특사 파견으로 서술된 것은 일본의 독도영유권 주장에 대항하는 일종의 대응논리가 아닌가 한다. 안용복의 업적이 일반 백성이 혼자 힘으로 해낸 일이 아니라 조정의 파견과 지원을 받아 이루어진 일이라는 점은 당대 일본의 독도 도발에 정부와 민간이 협력해서 대응해야한다는 메시지를 전하고자 한 것이라고 생각된다. 언론에서는 안용복 일행이 17세기 말 "울릉도와 독도 시찰"을 통해 우리 영토에 잠입해 불법 어로를 하던 왜 선단을 쫓아내고 일본정부로 하여금 일본인이 한국영토인 울릉도·독도에 침입했음을 시인하도록 만들어 울릉도·독도가 한국영토임을 재확인했음을 강조하는 논조를 띠고 있었다. 안용복 일행이 일본의 독도영유권 주장에 대응하기 위해 시대가 요청하는 인물, '독도를 지킨 파수꾼'으로 부각될 수밖에 없는 상황이 조성되고 있었

---

82) 「〈선구자〉 3월까지 방영」, ≪경향신문≫, 1986년 2월 4일자.
83) 「독도둥이」, ≪경향신문≫, 1990년 1월 19일자.
84) 「독도, 시비 대상 아니다」, ≪경향신문≫, 1996년 1월 26일자;「독도문제 대비에 만전을(사설)」, ≪세계일보≫, 1996년 1월 26일자.

다.85)

이를 배경으로 하여 특히 1996년도에 안용복 및 독도 관련 저술이 활발하게 출간되었다.

〈1996년 안용복 관련 저술〉

저자	책 제목	서술 형태	출판사	출판년도
양태진	인물로 본 한국영토사 (안용복 포함)	역사 인물 이야기	다물	1996
김명	홀로 아리랑 (상, 하)	안용복 일대기	무당	1996
한산	독도야 간밤에 잘 잤느냐	장편동화	장백	1996
이주홍	바다의 사자 안용복	안용복 전기 동화	우리교육	1996
송명호	뚱딴지 독도탐방대	만화	대교출판	1996
신용하	독도, 보배로운 한국영토	교양서	지식산업사	1996
김학준	독도는 우리땅	수필	한줄기	1996
정해왕	우리 땅 독도 이야기	자료집	글나루	1996
김낙봉	그 섬에 간 사람들 (상, 하)	안용복 장편소설	하나로	1996
김의환 엮음, 이태길 옮김	안용복장군: 울릉도·독도의 역사		안용복장군기념사업회, 지평	1996
김병렬	독도를 지키는 사람들		사계절	1999

양태진(동아시아 영토문제연구소 소장)의 『인물로 본 한국영토사』에서 안용복은 고구려 시조 동명성왕, 광개토대왕, 을지문덕, 연개소문, 양만춘, 장보고, 이종무, 서희, 강감찬, 최무선, 윤관, 최윤덕, 김종

---

85) 「한일 영유권 분쟁사 침범-점령-망언 도발의 연속」, ≪한겨레≫, 1996년 2월 11일자;「독도는 한국땅」, ≪매일경제≫, 1996년 4월 7일자;「인물로 본 한국영토사(양태진 저)」, ≪동아일보≫, 1996년 8월 1일자.

서, 최영 등 영토 수호 또는 영토 확장에 앞장선 인물들과 함께 기술되어 위인의 반열에 자리를 잡았다.86)

1996년 여름 김명의 『홀로 아리랑』(상, 하)은 국회의원, 학생, 가정주부, 교사 등 각계각층의 추천사, 독도역(DOKDO STATION) 묘사와 같은 흥미를 끄는 삽화, "이번 여행은 안용복을 찾아 독도로 떠나야겠다!!" "부모와 자녀가 함께 읽는 책" "천민 신분에서 최고의 선구자가 된 진정한 민중영웅"이라는 문구와 함께 매일경제, 한겨레, 경향신문 등에 상당 분량의 광고로 여러 번 게재되었다. 안용복은 "조선시대 독도의 파수꾼", "최고의 선구자", "진정한 민족영웅"으로 부각되었다.87)

이어 김낙봉의 장편소설 『그 섬에 간 사람들(상, 하)』이 간행되었다.88) 이 책의 광고는 300년 전 안용복이 일본에 건너가 "독도에 대한 우리의 소유권"을 일본의 공식 문서로 확인해냈음을 강조하며 그를 "영웅적 용기와 지혜로 한민족의 기개를 이역만리에 떨쳐 보인 장군", "동해 수호신"으로 부각시켰다. "소설 속의 상황은 과거가 아니라 오늘도 계속되고 있는 현실"이며 다시 한 번 '안용복'을 필요로 하는 시대적 상황임을 강조했다. 안용복을 통해 민중이 역사의 진정한 주인으로서 조국을 떠받치는 역할을 해 왔고 "용기 있는 민중의 살아있는 눈빛 이야말로 역사를 이끌어가는 진정한 힘"이라고 역설했다. 이는 독도문제 대응에 있어 시민들의 자각과 자발적·선도적인 노력이 필요함을 당부한 것이라고 하겠다.89) 다만 이전 경우와 달리 이 책의 광고 논조는

---

86) 「인물로 본 한국영토사」, ≪매일경제≫, 1996년 8월 10일자.
87) ≪매일경제≫, 1996년 8월 3일, 10일, 15일자; ≪경향신문≫, 1996년 8월 9일, 10일자; ≪한겨레≫, 1996년 8월 3일, 7일, 16일자.
88) ≪동아일보≫, 1996년 11월 7일자; ≪한겨레≫, 1996년 11월 12일자.

"특별한 배움 없이 깨닫는 민중들의 총명함", "역사의 진정한 주인으로서 조국의 오늘을 떠받치고 있는 살아있는 눈빛의 민중"을 "명분을 앞세우는 비겁한 관료들의 숨겨진 이기주의", "무능한 정치관료"와 대비시켜 안용복과 그의 업적의 의의를 부각하고자 했고 분노한 여론이 반영되어 있다는 점이 특징적이었다.[90]

일본의 독도도발 와중에 1996년 한해에만 안용복 및 독도 관련 책의 출판이 봇물같이 쏟아져 나왔다. 책의 출판과 신문 광고는 책 자체에 대한 홍보, 독도 인식뿐 아니라 안용복이라는 인물에 대한 홍보와 인식에 상당한 영향을 끼쳤을 것이라고 생각된다.

일부 언론에서는 안용복의 1차, 2차 도일의 성격이 달랐음을 정확하게 보도했다. "안용복이 울릉도 근해에서 어업 도중 일본 어선에 납치당해 장기도, 대마도에 억류되었다가 귀환했으며 이 과정에서 대마도주가 독도를 넘보고 있음을 알게 되었다." 그리하여 자발적인 제2차 도일에서 대마도주의 울릉도·독도 탈취 기도를 무산시키고 일본 중앙정부로부터 울릉도가 조선의 영토임을 확인받고 일본인의 출어를 금지하겠다는 답변을 받아내었음을 강조했다.[91]

일본의 독도영유권 도발과 IMF라는 국가적 위기에서 언론은 안용복을 "독도가 조선 땅"이라는 사실을 일본 막부로부터 인정받고 돌아온 "독도 지킴이"로 부각시켰다. 안용복은 "울릉도와 독도가 조선 땅임을 일본 막부가 자인하도록 활약한 민간외교가"라고 조명되었다.[92]

---

89) 「광고: 동해 수호신 안용복 이야기, 그 섬에 간 사람들」, ≪한겨레≫, 1996년 11월 9일자.
90) ≪한겨레≫, 1996년 11월 9일자; ≪매일경제≫, 1996년 11월 12일자.
91) 「"독도는 조선땅" 일본 옛 기록도 인정」, ≪한겨레≫, 1996년 10월 9일자.
92) 「조선시대 독도 지킴이 안용복」, ≪경향신문≫, 1998년 1월 6일자; 「독도 지킴이 안용복」, ≪한겨레≫, 1998년 1월 6일자; 「'TV 조선왕조실록' KBS1 밤

1999년은 IMF사태라는 국가적 위기를 극복해가던 시대적 상황과 함께 새로 체결된 한일어업협정으로 인해 일본의 독도영유권 주장이 강화되고 이에 대한 논란이 국내외적으로 거세게 일어나던 시기였다. 이러한 시대를 배경으로 김병렬의 『독도를 지키는 사람들』(사계절, 1999)이 출간되어 안용복과 함께 홍순칠 등 민간인의 국토수호 노력이 조명되었다.93)

언론은 "우리나라 역사가 민중의 끈질긴 생명력에 바탕을 두고 있고 독도 역시 민중이 지켜낸 것"이라는 논조를 전개했다. "민중의 선견지명"이라는 맥락에서 안용복의 활약은 "영웅적인 투쟁"이며 "독도를 사수하려는 민중의 투쟁"이 안용복에서부터 시작되어 독도 민간수비대(1953년 발족)에까지 계승되고 있음을 강조했다. 이는 국가 통치자와 사회 지도층에 대한 실망감에 기안한 것으로 민중사관이 반영된 논리였다.94) 안용복에 대한 관심과 조명이 더욱 중요해지고 있던 시기였다.

2000년대 들어 안용복 관련 저술은 전기, 소설, 어린이책으로 다양하게 출판되었다.

〈2000년대 안용복 관련 저술 (비전문, 교양)〉

저자	제목	종류	출전	출판사	연도	출신	평가
김병렬	독도를 지키는 사람들	어린이책		사계절	2000.		
김화진	동래부사의 야욕과 애국자 안용복	오백년 기담 일화	守疆祠志: 울릉도	안용복장군 기념사업회	2004.	미천, 수군	호걸 애국

10:15」, 《동아일보》, 1998년 1월 6일자.
93) 《경향신문》, 1999년 10월 12일자.
94) 「'민중'의 분노」, 《한겨레》, 1999년 12월 11일자.

			독도 지킴이 안용복 장군 사당			자
오인택	부산을 빛낸 안용복	전기	守疆祠志: 울릉도 독도 지킴이 안용복 장군 사당	안용복장군 기념사업회	2004.	외거노비, 천민, 동래부 좌수영 하급 수군 군졸 장군
이준구	안용복: 어부의 신분, 울릉도·독도 파수꾼	기고문	영남일보		2004. 6.22.	
김래주	대조선인 안용복 1, 2	소설		늘푸른소나무	2005.	
이준구	호패와 행적이 말하는 안용복		내가 사랑한 안용복	대구한의대 안용복연구소, 안용복 장군기념사 업회 경북지회	2007.	
권오단	우리땅 독도를 지킨 안용복	어린이책		산수야	2010.	
권오단	안용복(울릉도와 독도의 영유권을 되찾아온 조선의 어부)	소설		산수야	2010.	
차상찬	해상의 쾌인 안용복	소설		이프리북스	2013.	
김호동	안용복과 울릉도, 독도	어린이책		교우미디어	2015.	
황인경	독도(독도 영웅, 의인 안용복의 삶과 애환)	소설		북스타	2015.	
고정욱	고정욱 선생님이 들려주는 안용복	어린이책		산하	2015.	

2000년대 들어 안용복에 대한 칭호가 "장군" "독도 지킴이"가 혼용되어 쓰이는 가운데 2005년 한 언론에서는 독도문제에 대한 냉철한 대응을 주문하며 안용복의 신분이 '장군'이 아니었음을 지적하기도 했다.[95]

한국언론재단의 인터넷 사이트 카인즈(kinds)[96]의 기사통합검색에서 '안용복'을 전체(제목, 내용 포함)로 검색(2015년 10월 23일 현재)하니 1,421건, 제목에 안용복이 언급된 기사로 검색하니 243건이 추출되었다.[97] 이 가운데 제일 눈에 잘 띄고 주제의 선명성이 드러난다는 점에서 제목에 안용복이 포함된 언론 기사의 추이를 살펴보았다.

〈제목에 안용복이 포함된 기사〉

년도	중앙지 제목	지방지 제목	합계
1998	0	3(부산일보)	3
2002	0	2(부산일보)	2
2004	0	1(부산일보)	1
2005	23	7(부산일보)	30
2006	0	11	11
2007	8	15	23
2008	18	26	44
2009	9	15	24
2010	3	5	8

---

95) 문일, 「외교의 적」, ≪국민일보≫, 2005년 2월 18일자.
96) 각종 전국종합일간신문과 지역종합일간신문, 인터넷신문, 경제일간신문, TV 뉴스를 1990년부터 지금까지 데이터베이스 자료로 검색할 수 있게 되어 있다.
97) 안용복을 지칭하거나 수식하는 단어가 무엇이고 시기별로 어떠한 차이가 있는지 그 변화 양상을 연도별 통계로 분석해볼 필요가 있다. 앞으로의 연구과제이다.

2011	16	12	28
2012	8	14	22
2013	15	10	25
2014	3	11	14
합계	104	136	240

1996년 안용복에 대한 언론의 관심이 뚜렷하게 증가했다. 기사 본문에서 안용복이 자주 언급되기 시작했던 것이다. 1998년부터는 기사 제목에 안용복이 등장하기 시작했다. 그만큼 안용복이 이슈가 되기 시작했다는 의미이다.

그러다가 2005년 일본 시마네현이 이른바 〈다케시마 날〉을 제정, 공표하며 독도도발을 해오자 독도영유권 문제와 관련해 안용복에 대한 한국인의 관심이 또다시 폭발적으로 증가했다. 보도 기사에 안용복이 언급되는 횟수도 두드러지게 급증했다. 같은 해 EBS는 어린이 역사드라마 '독도장군 안용복'(가제) 4부작을 기획했고[98] 김래주의 소설 『대조선인 안용복』 1, 2도 출간되었다.

2005년 언론 보도의 특징은 안용복의 실체에 대한 관심과 사실 규명 작업이 필요하다는 논조의 기사가 게재되기 시작했다는 점이다. 일본의 도발에 효과적으로 대응하고 한국의 독도영유권에 힘을 실어 주기 주기 위해서는 좀 더 정교한 논리와 실증이 필요하다는 것이었다. 김종선은 "일본이 독도를 300년간 실효적으로 점유한 게 아님을 주장하기 위해서 한국측이 제시한 안용복의 민간외교활동(1696년)을 좀 더 세밀하게 다듬을 필요"가 있다고 지적했다.[99] 국민일보 국제부

---

[98] 「되살아온 '독도 장군' 안용복...EBS 4부작 드라마 6월 20일부터」, ≪한겨레≫, 2005년 5월 25일자.

장 문일은 안용복에 대해 그 신분이 장군이 아닐 뿐더러 한일 양국 사서에 수록된 그의 행적에 이론의 여지가 많음을 지적하며 현실적으로 독도문제와 안용복 연구에 대해 사실(자료)에 바탕을 둔 연구와 철저한 준비, 냉정한 대응을 주문했다.100) 소설가 김래주는 "안용복의 삶이 지금의 독도 분쟁을 푸는 중요한 열쇠"라고 보고 울릉도와 시마네현 오키섬과 돗토리(鳥取)현 등에 남아있는 안용복의 발자취를 10년 넘게 답사한 뒤 소설 『안용복』을 집필했다. 그는 기사에서 안용복에 대한 기록이 한국보다 일본에 더 많이 남아있으며 안용복의 실체를 규명하기 위해서는 한국측 자료와 함께 일본측 자료를 참고하는 것이 필요하다고 지적했다. 그의 소설은 안용복 영웅화 작업이라기보다는 현장 답사와 자료 조사에 기반을 두고 한일 영토분쟁에 대응하기 위한 '역사 살리기'라는 맥락에서 추진되었다.101) 김래주는 한국이 일본의 독도 도발에 대해 논리적 무장으로 더 강해져야 하며 이는 "정확한 역사 인식"에서 시작된다고 보았다. "안용복의 장거壯擧는 오늘의 독도 문제를 푸는 데 중대한 단초"이며 그를 통해 "안용복정신", "국민정신", "도전정신"을 배울 수 있다고 강조했다. '국가가 못하면 국민이라도 나서야'한다는 뜻으로 안용복의 진가와 의의가 '민간외교가' 역할에 있음을 강조했다.102)

안용복의 실체를 규명해야 한다는 움직임과 동시에 안용복에 대한 언론의 서술과 수식어에는 "평민"이라는 단어가 반복적으로 등장했

---

99) 김종성, 「독도, 과연 무대응이 상책인가」, ≪오마이뉴스≫, 2005년 2월 4일자.
100) 문일, 「외교의 敵」, ≪국민일보≫, 2005년 2월 18일자.
101) 이권효, 「소설 '대조선인 안용복' 펴낸 김래주씨 "안용복 연구, 독도분쟁 푸는 단초될 것"」, ≪국민일보≫, 2005년 2월 23일자.
102) 김래주, 「독도해법 '안용복 정신'서 찾자」, ≪문화일보≫, 2005년 2월 28일자.

다. 안용복이 "평민"임을 강조하려는 경향이 뚜렷해졌던 것이다. 실제로 2005년도 언론에 나타난 안용복 관련 수식어는 장군 등 다른 단어에 비해 "평민"이 압도적이었다. 안용복이 천민(사노) 출신이라고 적시한 자료와 논문이 있음에도 2005년 유달리 안용복이 "평민" 출신임을 강조한 기사가 많았던 것은 오늘날 독도영유권문제 대응에 있어 국가의 역할 못지않게 국민(시민)의 역할도 중요함을 역설하기 위한 장치였다고 여겨진다.

(3) 교과서

오늘날 안용복은 독도영유권 논쟁의 중심에 있다. 17세기 말 안용복의 활약은 조선 조정의 영토 인식을 변화시켜 해양 정책을 새롭게 정립시켰고 울릉도와 독도를 조선 고유의 영토로 재확인하게 하여 동해상의 해양 주권을 지키는데 기여했다. 안용복은 민간인 신분으로 울릉도·독도의 영유권문제에 적극적으로 대응해 국가 및 정부 차원에서 (조선과 에도막부) 울릉도·독도의 영유권 문제를 명확히 짚고 넘어가도록 하는 계기를 마련했다는 점에서 높이 평가받고 있다. 그러나 문제는 "안용복 개인이 영토문제를 해결했다는 인식"에 있다. 이러한 시각이 안용복과 독도문제에 대한 실체적 접근과 이해를 가로막아 잘못된 국가관을 심어줄 수 있기 때문이다.[103] 국가 정책(관리), 시민, 국민, 개인 및 단체의 역할은 상호보완적으로 작동될 때 더욱 시너지 효과를 얻을 수 있다는 점에서 어느 한 편만 강조하는 일방적 서술은 지양되어야 한다.

이러한 관점에서 현행 2015년도 고등학교 한국사 교과서 8종에

---

103) 김병우, 「안용복 연구현황과 과제」, ≪경주사학≫ 34, 2011, 85~91쪽.

기술된 안용복 관련 서술을 검토해보았다.

〈안용복, 울릉도와 독도를 수호하다〉
숙종 때 동래 출신의 한 조선 어민이 울릉도와 독도 주변에서 고기잡이를 하는 일본 어선을 쫓다 일본에 잡혀가는 일이 벌어졌다. 그러나 오히려 그 조선 어민은 일본 관리들에게 울릉도가 조선 땅임을 당당하게 주장하였다. 그가 바로 안용복이다.
안용복이 송환되는 과정에서 일본 막부의 명을 받은 쓰시마 섬 사절단이 조선인의 죽도(독도) 출입금지를 요청하였다. 조선 정부는 죽도가 울릉도에 부속된 섬으로 독도를 의미하는 것을 파악한 후 일본인의 울릉도 출입을 금지하도록 일본 막부에 요구하였다. 결국 일본 막부는 울릉도가 조선 땅임을 인정하고 일본 어민의 출입을 금지하게 되었다.(천재교육, 135쪽)

위 인용문은 8종 교과서 가운데 비교적 정확하게 서술된 경우이다. 다만 명칭에 있어 당시 일본이 울릉도를 다케시마(죽도)로 독도를 마쓰시마(송도)라고 불렀던 점을 명확히 하거나 아예 울릉도와 독도로 통일해 명칭에 대한 혼란이 없도록 해야 할 것이다. 또한 안용복이 울릉도와 '독도'가 조선의 땅임을 인식했고 또 그렇게 주장했다고 서술해야 되지 않을까 한다.

〈안용복이 독도 수호 활동을 전개하다〉
울릉도와 독도는 삼국시대 이래로 우리의 영토였으나 17세기 말 일본 어민이 자주 침범하여 충돌이 일어났다. 그러나 숙종 때 수군 출신 안용복이 일본으로 넘어가 도쿠가와 막부로부터 우리나라 영토임을 확인받고 돌아왔다. 안용복의 활약으로 도쿠가와 막부는 울릉도와 부속 도서(독도)를 조선 영토로 인정한다는 내용의 문서를 조선에 주었다.
 안용복 사건을 계기로 조선 정부는 일본 막부와 울릉도 귀속 문제를 확정하고 울릉도 지도를 제작하는 등 울릉도 경영에 적극적인 자세를 보였다.(리베르, 155쪽)

위 인용문 역시 8종 교과서 가운데 비교적 정확하게 서술된 경우이다. 다만 제목을 독도 수호라고 한정하기보다는 울릉도·독도 수호가 더 적절하지 않을까 한다.

〈... 울릉도와 독도를 지키다〉
 삼국시대 이래 우리 영토인 울릉도와 독도에 일본 어민들이 자주 출몰하자 숙종 때 안용복은 이들을 몰아내고 일본과 담판하여 이곳이 조선의 영토임을 인정받고 돌아왔다. 이를 계기로 정부에서는 울릉도에 관리를 파견하는 등 적극적으로 관리하였다...(지학사, 160쪽)

〈안용복, 독도가 조선의 영토임을 확인하다〉
 ... 숙종 때 동래 수군 출신 안용복은 울릉도에 침범한 일본 어민을 내쫓고 일본까지 건너가 울릉도와 독도가 조선의 영토임을 확인받고 돌아왔다. 이를 계기로 조선은 정기적으로 울릉도에 관리를 파견하여 살피도록 하는 수토정책을 펼쳤다. 에도 막부도 일본 어민의 울릉도 도해 금지령을 내렸다.(미래엔, 120쪽)

위의 두 인용문은 조선 숙종대 일본으로부터 울릉도와 독도가 조선의 영토임을 확인받은 것이 전적으로 안용복의 공로라고 기술했다. 영유권문제 해결을 위한 교섭 과정에서 조선 조정과 관리가 일정 역할을 했다는 사실에 대해서는 기술하지 않았다. 다만 사후에 관리를 파견해 적극적 관리 또는 수토정책을 시행했다고 기술해 사후에 한정해 일정부분 조선 조정과 관리의 역할을 인정하고 있다.

〈일본과의 관계 (본문)〉
… 17세기 말 숙종 때 안용복은 울릉도, 독도 지역을 침범한 일본 어민들을 몰아내고 일본에 건너가 그 지역이 조선 영토임을 확인받았다……(비상교육, 151쪽)

〈독도의 역사적 연원 (본문)〉
… 조선후기 숙종 때 일본어민들이 울릉도에 몰래 침입하여 생활하는 등 영유권문제가 발생하자 동래 어민 안용복은 울릉도에 침입한 일본 어부를 몰아내고 일본에 건너가 일본 막부 권력자에게 울릉도와 독도가 조선의 영토임을 주장하였다. 이때 안용복이 가져간 '조선팔도지도'를 일본 관리가 문서로 옮겨 적었는데 여기에 '다케시마(죽도: 울릉도)'와 '마쓰시마(송도: 독도)'가 조선의 강원도 소속으로 기록되었다. 이후 일본은 일본 어민들이 울릉도에 가지 못하도록 도해 금지령을 내렸다.(비상교육, 256쪽)

〈17세기 독도 지킴이, 안용복 (맨 아래 박스 기사)〉
… 안용복은 두 차례에 걸쳐 일본으로 건너가 울릉도와 독도가 우리 영토임을 분명히 하고, 울릉도와 독도가 조선 영토임을 확인하는 일본 막부의 문서까지 받아 내는 성과를 올렸다. (+ 부산 안용복 동상 사진) (금성출판사, 172쪽)

〈독도를 지키기 위한 노력 (본문)〉
… 2009년에는 안용복재단이 설립되어 관련 사업을 지원하고 있다. (금성출판사, 420쪽)

〈울릉도와 독도 (본문)〉
... 숙종 때 안용복은 울릉도, 독도 지역에서 불법으로 어업하는 일본 어부를 쫓아내고, 두 차례나 일본으로 건너가 울릉도와 독도가 조선 영토임을 확인받고 돌아왔다. (교학사, 124쪽)

〈안용복의 독도 수호 활동 (맨 아래 박스 기사)〉
... 안용복은 1693년(숙종 19)에 일본 어민들에게 납치되었다. 당시 안용복은 일본인들에게 울릉도가 조선 영토임을 지적하면서 항의하였다. 이후 안용복이 조선으로 돌아올 때 에도막부로부터 울릉도가 조선 영토임을 인정하는 서계를 받았는데, 귀국 도중 대마도 도주에게 빼앗기고 말았다. 그러나 곧 일본은 자체 조사를 통해 울릉도와 독도가 조선 영토임을 확인하고 1696년 1월 일본 어부들에 대해 '울릉도·독도 도해 금지령'을 내렸다 ... 안용복은 조정의 관리인 것처럼 가장하고 일본 호키국 태수를 찾아갔다. 여기서 안용복은 울릉도와 독도가 조선 영토임을 다시 확인받고 돌아왔다. (교학사, 124쪽)

〈대외관계가 변하다 (본문)〉
... 숙종 때 동래 어민 안용복이 일본 어민들을 울릉도에서 내쫓고 일본까지 건너가 우리 영토임을 확인받고 돌아왔다.(동아출판, 130쪽)

위의 인용문들은 조선이 숙종대 일본으로부터 울릉도와 독도가 조선의 영토임을 확인받은 것이 전적으로 안용복의 공로라고만 기술되어 있다. 영유권문제 해결을 위한 교섭 과정에서 조선 조정과 관리가 일정한 역할을 했고 사후에 조정이 울릉도와 독도의 관리 및 수토를 위해 노력했으며 안용복에게는 그를 지지하는 동료들이 있었다는 점에 대해서는 전혀 언급되어 있지 않다.

교과서를 통틀어 대체로 안용복은 영유권문제, 영토문제의 차원에서 울릉도·독도와 함께 조명되어 비교적 성의 있게 기술되고 있다. 다만 개선할 점으로 울릉도·독도의 영유권이 조선에 있음을 일본으로부터 확인받는 과정에서 조선 조정과 관리의 역할은 간과된 채 안용복의 업적만 부각되고 있다는 점을 지적할 수 있다. 이처럼 조선시대 울릉도·독도영유권 문제와 관련해 안용복 개인의 역할만을 강조할 경우 조선 조정의 역할과 노력은 간과된 채 일방적 서술이 되기 쉽다. 조선 조정은 안용복 납치 및 도일 사건을 계기로 울릉도·독도의 영유권이 조선에 있음을 분명하게 재인식하고 일본과의 외교 협상을 통해 그 사실을 재확인했으며 이후 울릉도·독도를 행정적으로 관리하고자 했다.

한편 동아출판사의 안용복 관련 기술은 너무나 소략한데다 보완이 필요하다. 또한 안용복이 일본 어민들을 "울릉도에서 내쫓았다"고 기술한 부분은 다른 교과서에서처럼 '울릉도와 독도'에서 내쫓고 우리 영토임을 주장해 일본 막부의 확인과 울릉도 도해금지를 이끌어내는 데 기여했다고 서술하는 것이 맞을 것이다.

금성출판사의 2009년 안용복재단의 설립과 활동에 대한 서술 부분에서는 안용복재단이 이후 독도재단으로 명칭이 변경되었다는 것을 부기해주는 것이 좋을 것이다.

이상으로 8종 고등학교 국사 교과서에서 안용복 관련 서술을 살펴보았다. 교과서에서는 대체로 안용복을 장군이나 영웅으로 호칭하지 않고 "어민"으로 기술하고 있어 이 점에서는 비교적 객관적인 서술 방식을 취하고 있다. 다만 안용복에 대한 학계의 연구 성과를 정확하게 반영해 서술한 경우는 두 개 출판사 정도였고 나머지는 사실 서술에 오류가 혼재되어 있는 경우가 많았다. 특히 비상교육, 금성, 동아, 교학사는 조선시대 울릉도·독도 영유권 분쟁 해결 과정을 안용복과 그의 활약 위주로 기술한 반면 동료들과 조선 조정의 역할에 대해서는 생략했다. 안용복의 업적과 함께 동료들과 조선 조정의 노력도 함께 기술해 주는 것이 바람직할 것이다. 조선이 울릉도와 독도의 영유권을 지켜낼 수 있었던 데에는 안용복의 공이 가장 크지만 박어둔, 뇌헌, 이인성 등 동지들의 도움이 있었음을 간과하지 말아야 하겠다. 또한 안용복 납치사건 및 도일사건을 계기로 "쟁계"문제가 표면화되고 이에 조선 조정이 쓰시마 및 막부를 상대로 외교적 논쟁을 통해 일본으로 하여금 울릉도와 독도가 조선의 영토임을 인정하도록 했다는 점을 강조할 필요가 있다.104)

　　2007년 안용복 기념관 설립과 선양사업을 위해 '대구한의대학교 안용복연구소'가 설립되었다. 이해 대구한의대학교 안용복연구소와 울릉군지역혁신협의회, 안용복장군기념사업회는 안용복이 유배된 지 310년 만에 처음으로 독도에서 안용복장군을 기리는 진혼제를 올렸다. 진혼제는 당대 아무도 알아주지 않은 삶을 살았던 안용복의 넋을 달래고 위대한 해양개척 정신과 국토사랑 정신을 이어받는다는 취지로 마련되었다.105) 이어 2009년에는 독도 수호의 대표 인물인 안용복의 정신을 계승·발전시키고 독도영유권 강화 등 독도 수호에 이바지함을 목적으로 '안용복재단'이 설립되었다.106) 2013년 경북 울릉군 북면 천부리에 '안용복기념관'이 개관되었고, 2014년 부산 동구 좌천동에 '안용복 기념 부산포 개항문화관'이 문을 열었다. 문화관에는 안용복장군의 자료와 부산항 개항 역사 자료 등이 전시되어 있다. 그러나 이들 기념관이 몇 해에 걸쳐 힘들게 개관되었음에도 불구하고 안용복 기

---
104) 김병우, 「안용복 연구현황과 과제」, 75쪽, 109쪽.
105) 「안용복, 유배 310년 만에 되살아나다」, ≪내일신문≫, 2007년 8월 8일자.
106) 2014년 안용복재단의 명칭은 독도재단으로 변경되었다.

념관에 대해서는 잘 알려져 있지 않다. 울릉도 안용복 기념관은 위치가 도동항과 멀리 떨어져 있어 교통이 불편하고 연계관광 및 홍보 부족으로 방문객(관광객)의 관심과 발길이 적은 실정이다. 부산의 안용복 기념 부산포 개항문화관은 자료나 전시의 충실함과는 별개로 안용복과 개항이라는 두 가지 주제를 하나의 장소(협소한 공간)에서 동시에 다루어 역사적 사건의 의의 및 초점이 흐려지기 쉽다는 아쉬움이 있다.

맺음말

안용복은 안용복장군기념사업회의 활동과 기념사업을 통해 안용복 장군으로 인식되고 호칭되기 시작했다. 이에 대해 학계 일부에서는 안용복 영웅화 경향에 대한 우려를 표명하기도 했다. 본 연구에서는 해방 후 안용복 관련 언론 보도기사, 저작물, 교과서를 검토해 그에 대한 서술방식이나 이미지를 고찰했다.

오늘날 일반인들에게 안용복은 안용복 장군이라는 호칭으로 널리 알려져 있는 반면, 학계에서는 호패 기록에 근거해 안용복의 신분이 천민(사노)이라는 설이 우세하다. 2005년부터 최근 10년간 언론에서는 안용복이 어민이며 평민이라는 점이 더 많이 강조되었다. 부산 수영사적공원에 조성되어 있는 수강사 및 "안용복 장군 동상" 앞에 세워진 안내문(설명)에는 안용복을 수식하는 '장군'이라는 칭호가 해방 이후에 추존된 것임을 명시하고 있어 안용복에 대한 올바른 이해에 도움을 주고 있다.

안용복 관련 저작물 및 언론에서 그(의 활동)에 대한 평가는 장군이라는 호칭 이외에도 영웅, 호걸, 위인, 충신, 애국자, 공로자, 선구자, 민족의 은인, 의인, 민간외교가, 수호자, 파수꾼, 지킴이 등으로 다양하게 나타나고 있다. 최근 10여년간 언론에는 안용복을 대표하고 지칭하는 수식어로 "평민 어민"과 함께 "민간외교가, 수호자, 파수꾼, 지킴이"라는 단어가 빈번하게 등장하며 현실문제에 깨어있는 국민의식, 행동하는 시민의식을 촉구하는 논조가 유지되고 있다.

고등학교 한국사 교과서(8종)에서는 울릉도·독도영유권과 관련해 조선 어민 안용복의 용기와 활약에 대해 기술했다. 보완할 점으로는 안용복 납치사건과 울릉도·독도영유권 및 어업권에 대한 안용복의 주장을 계기로, 안용복의 도일과 송환 과정에서 양국 조정 간에 울릉도·독도의 영유권 및 어업권 분쟁 해결을 위한 교섭이 시작되었다. 그리하여 울릉도·독도영유권이 조선에 있음을 재확인하는 작업을 거쳐 "울릉도쟁계"가 확정되었고 에도막부에 의한 일본 어부의 울릉도 "도해 금지"가 시행되었음을 적시할 필요가 있다.

17세기 말 울릉도·독도영유권 및 어업권에 대한 문제제기와 해결 과정에서 안용복 개인의 활약이 독보적이고 영웅적이었음은 사실이다. 이와 함께 안용복을 지지해 도일과 일본 어부의 도해 금지를 요구하는 도정에 함께 한 동지들이 있었다. 또한 정부 간 대일 교섭과 사후 관리는 조선 조정에 의한 것으로 조정의 역할 또한 중요했다는 점도 분명한 사실이다. 따라서 오늘날 일본의 독도영유권문제 도발에 대응하기 위해서는 뜻을 함께 하는 시민단체와 민관의 상호보완이 필요함을 강조해줄 필요가 있다.

▌ 김성은(대구한의대학교 기초교양대학 조교수) ▌

[참고문헌]

『고등학교 한국사』, 금성, 2015.
『고등학교 한국사』, 교학사, 2015.
『고등학교 한국사』, 두산동아, 2015.
『고등학교 한국사』, 미래엔, 2015.
『고등학교 한국사』, 비상교육, 2015.
『고등학교 한국사』, 리베르, 2015.
『고등학교 한국사』, 지학사, 2015.
『고등학교 한국사』, 천재교육, 2015.

≪경향신문≫. ≪국민일보≫. ≪국제신문≫. ≪내일신문≫.
≪동아일보≫. ≪매일경제신문≫. ≪매일신문≫. ≪문화일보≫.
≪부산일보≫. ≪영남일보≫. ≪한겨레≫. ≪오마이뉴스≫.

김병우, 「안용복 연구현황과 과제」, 『경주사학』 34, 2011.
김의환 편저, 『부산의 고적과 유물』, 안용복장군기념사업회, 1969.
김의환 엮음, 이태길 옮김, 『안용복장군: 울릉도·독도의 역사』, 안용복장군기념사업회, 지평, 1996.
신석호, 『동해의 초병(哨兵) 안용복 / 인물한국사 4: 시련의 대열』, 인물한국사편찬회, 박우사, 1965.
안용복장군기념사업회, 『안용복장군: 울릉도·독도의 내력』, 안용복장군기념사업회, 1967.
안용복장군기념사업회 편, 『수강사지(守彊祠志): 울릉도 독도 지킴이 안용복 장군 사당』, 부산: 안용복장군기념사업회, 2004.
한찬석, 『독도비사 -안용복 소전 / 독도』, 대한공론사, 1965.

5장

일본의 안용복 인식과 이미지화 분석

일본의 안용복 인식과 이미지화 분석

박지영

머리말

현재 한일 간에 외교적으로 논란이 되고 있는 독도영유권 문제와 관련해서 1693년과 1696년 두 차례에 걸쳐 일본에 갔던 안용복을 둘러싸고 그 해석에 있어서 한일 양국간에는 큰 인식의 차가 있다. 한국 측은 주로 독도를 지킨 영웅으로 인식되고 있으며, 그 활약에 대해서 전 국민이 알고 있을 정도로 중요한 인물로 취급하고 있다. 하지만 반대로 일본 측에서는 안용복을 주로 범죄자 및 거짓말쟁이라는 인식을 근저에 두고 그에 대한 평가를 전개하고 있다. 이와 같은 양국의 인식 차가 생긴 원인은 현재의 양국의 정치적 입장에서 나온 것이라고 할 수 있을 것이다.

본고에서는 일본의 안용복 인식이 어떻게 이루어졌으며, 그것이 어떻게 이미지화되어 현재에 이르고 있는지에 대한 분석과 함께 안용복이 일본으로 피랍되어 갔던 1693년과 스스로 도일하였던 1696년 당시의 사료 속에 나오는 안용복의 모습을 분석하여 현재의 이미지와의 상관관계에 대해 분석하려고 한다. 이러한 분석을 통해 일본이 만들어낸 안용복 이미지의 진위를 밝혀내어 향후 독도영유권 문제에 있어서 안용복의 위상을 어떻게 정립할 것인지에 대해 살펴보고자 한다.

따라서 본고에서는 위에서 제시한 내용에 대해 분석하기 위해 먼저 현재 일본 정부가 내놓은 안용복에 대한 인식에 대해 고찰한 후, 그 인식의 논거가 된 일본 내 연구자, 특히 안용복의 이미지에 대해 언급한 몇몇 연구자들의 주장에 대해 분석하고, 마지막으로 17세기에 기록된 일본 사료에 등장하는 안용복의 진면목에 대한 검토를 통해 일본 측의 논리를 극복할 수 있는 방안을 모색하고자 한다.

선행연구로는 국내에서 지금까지 많은 안용복 관련 연구가 있었으나[1], 일본 측의 연구 및 그들의 이미지 구축과정에 대해서 정리 분석한 사례는 없었다. 유일하게 일본 측의 연구를 시대 순으로 정리하여 제시한 것으로는 박병섭의 연구[2]가 있으나, 그 내용은 아주 간단한 소개를 하는 정도에서 그치고 있어 안용복에 대한 일본 측의 인식 및 이미지 구축에 대한 분석을 했다고 하기에는 미흡하다고 할 수 있을 것이다. 하지만 박병섭의 연구를 비롯한 국내의 여러 연구자들의 연구가 지금까지 일본 측의 주장에 대한 반론을 위해 부단히 노력한 결과라는 것을, 그리고 그 노력의 결실 위에 오늘날의 안용복 연구가 서있

---

1) 안용복과 관련해서는 기존에 국내의 많은 연구자들의 연구 업적이 있다. 일일이 열거하기에는 지면이 부족하므로 안용복에 대한 일본 측의 인식에 대한 비판과 관련 있어 보이는 연구만 간략하게 소개하자면, 신용하『독도의 민족영토사 연구』지식산업사, 1996, 송병기『울릉도와 독도; 그 역사적 접근』단국대학교출판부, 1999, 「안용복의 활동과 울릉도 쟁계」『역사학보(192)』역사학회, 2006, 김화경「안용복 진술의 진위와 독도 강탈 과정의 위증」『독도영유권 확립을 위한 연구 Ⅱ』(영남대학교 독도연구소) 경인문화사, 2010 등을 들 수 있을 것이다.
2) 박병섭『한말 울릉도 독도어업-독도영유권의 관점에서』한국해양수산개발원, 2009

는 것은 분명할 것이므로 이번에 필자가 시도한 연구가 설 수 있는 기반이 될 것이라고 생각하면서, 선배 연구자들의 노력에 경의를 표한다.

일본 측의 안용복 이미지

★ 일본 정부의 안용복 이미지

안용복에 대한 일본 정부의 인식 및 이미지는 일본 외무성이 내놓은 '다케시마 문제에 관한 10개의 포인트' 중에 '포인트 5'를 보면 명확하게 알 수 있다. 외무성이 발표한 '포인트 5'의 내용은 아래와 같다.

〈point〉 5[3)]

한국 측은 안용복이라는 인물의 사실에 반대되는 진술을 영유권의 근거의 하나로 인용하고 있습니다.

안용복의 진술과 그 의문점

막부가 울릉도 도항을 금지하는 결정을 내린 후 안용복은 다시 일본에 건너 왔습니다. 그 후 추방되어 조선으로 돌아간 안용복은 울릉도 도항 금지를 어긴 자로서 조선의 관리에게 문초를 받았는데, 이때의 안용복의 진술이 현재 한국의 다케시마 영유권 주장에 대한 근거의 하나로 인용되고 있습니다 .

한국 측 문헌에 의하면 안용복은 1693년에 일본에 왔을 때 울릉도 및 다케시마를 조선령으로 한다는 취지의 문서를 에도 막부로부터 받았으나, 쓰시마 번주가 그 문서를 빼앗아갔다고 진술하였다고 되어 있습니다.

그러나 안용복이 1693년에 일본으로 끌려왔다가 송환된 것을 계기로 일본과 조선국 사이에서 울릉도 출어를 둘러싼 교섭이 시작되었기

---

3) http://www.kr.emb-japan.go.jp/territory/takeshima/pdfs/takeshima_point.pdf

때문에 1693년의 일본 방문 시에 막부가 울릉도와 다케시마를 조선령으로 한다는 취지의 문서를 부여할리가 없으며, 실제로 그러한 사실은 없습니다.

또한 한국 측의 문헌에 의하면 안용복은 1696년 일본에 왔을 때 울릉도에는 다수의 일본인이 있었다고 말하였다고 합니다. 그러나 이 일본방문은 막부가 울릉도로의 도항을 금지하는 결정을 내린 후의 일이며, 당시 오야와 무라카와 양가는 울릉도로 도항을 하지 않고 있었습니다.

<u>안용복에 관한 한국 측 문헌의 기술은, 안용복이 1696년에 국가의 금지명령을 범하고 국외로 도항했다가, 귀국 후 조사를 받았을 때 진술한 내용에 따른 것입니다. 진술내용을 보면 상기에 언급한 내용뿐만이 아니라 사실과 일치하지 않는 점들을 많이 볼 수 있습니다.</u> 한국 측은 사실에 반하는 그러한 진술을 다케시마 영유권 주장의 근거의 하나로 인용해 오고 있습니다 .

(밑줄은 인용자 이하 동일)

위의 일본 정부 주장을 살펴보면 일본은 안용복이 1696년에 귀국한 후에 비변사의 심문과정에서 진술한 내용을 예로 들어 안용복의 이미지를 정립하고 있다는 것을 알 수 있다. 실제로 비변사에서 이루어진 안용복 추문에 관한 기록은『숙종실록』에 기재되어 있으며, 그 내용은 아래와 같은 내용으로 이루어져있다.

비변사(備邊司)에서 안용복(安龍福) 등을 추문(推問)하였는데, 안용복이 말하기를,

"저는 본디 동래(東萊)에 사는데, 어미를 보러 울산(蔚山)에 갔다가 마침 중[僧] 뇌헌(雷憲) 등을 만나서 근년에 울릉도(鬱陵島)에 왕래한 일을 자세히 말하고, 또 그 섬에 해물(海物)이 많다는 것을 말하였더

니, 뇌헌 등이 이롭게 여겼습니다. 드디어 같이 배를 타고 영해(寧海)에 사는 뱃사공 유일부(劉日夫) 등과 함께 떠나 그 섬에 이르렀는데, 주산(主山)인 삼봉(三峯)은 삼각산(三角山)보다 높았고, 남에서 북까지는 이틀길이고 동에서 서까지도 그러하였습니다. 산에는 잡목(雜木)·매[鷹]·까마귀·고양이가 많았고, ①왜선(倭船)도 많이 와서 정박하여 있으므로 뱃사람들이 다 두려워하였습니다. 제가 앞장서서 말하기를, '울릉도는 본디 우리 지경인데, 왜인이 어찌하여 감히 지경을 넘어 침범하였는가? 너희들을 모두 포박하여야 하겠다.' 하고, 이어서 뱃머리에 나아가 큰소리로 꾸짖었더니, 왜인이 말하기를, '우리들은 본디 송도(松島)에 사는데 우연히 고기잡이 하러 나왔다. 이제 본소(本所)로 돌아갈 것이다.' 하므로, '송도는 자산도(子山島)로서, 그것도 우리 나라 땅인데 너희들이 감히 거기에 사는가?' 하였습니다. 드디어 이튿날 새벽에 배를 몰아 자산도에 갔는데, 왜인들이 막 가마솥을 벌여 놓고 고기 기름을 다리고 있었습니다. 제가 막대기로 쳐서 깨뜨리고 큰 소리로 꾸짖었더니, 왜인들이 거두어 배에 싣고서 돛을 올리고 돌아가므로, 제가 곧 배를 타고 뒤쫓았습니다. 그런데 갑자기 광풍을 만나 표류하여 ②옥기도(玉岐島)에 이르렀는데, 도주(島主)가 들어온 까닭을 물으므로, 제가 말하기를, '근년에 내가 이곳에 들어와서 울릉도·자산도 등을 조선(朝鮮)의 지경으로 정하고, 관백(關白)의 서계(書契)까지 있는데, 이 나라에서는 정식(定式)이 없어서 이제 또 우리 지경을 침범하였으니, 이것이 무슨 도리인가?' 하자, 마땅히 백기주(伯耆州)에 전보(轉報)하겠다고 하였으나, 오랫동안 소식이 없었습니다.

제가 분완(憤惋)을 금하지 못하여 배를 타고 곧장 ③백기주로 가서 울릉 자산 양도 감세(鬱陵子山兩島監稅)라 가칭하고 장차 사람을 시켜 본도에 통고하려 하는데, 그 섬에서 사람과 말을 보내어 맞이하므로, 저는 푸른 철릭[帖裏]를 입고 검은 포립(布笠)을 쓰고 가죽신을 신고 교자(轎子)를 타고 다른 사람들도 모두 말을 타고서 그 고을로 갔습니다. 저는 ④도주와 청(廳) 위에 마주 앉고 다른 사람들은 모두 중계(中階)에 앉았는데, 도주가 묻기를, '어찌하여 들어왔는가?' 하므로, 답하기를 '전일 두 섬의 일로 서계를 받아낸 것이 명백할 뿐만이 아닌데, 대마 도주(對馬島主)가 서계를 빼앗고 중간에서 위조하여 두세 번 차왜(差倭)를 보내 법을 어겨 함부로 침범하였으니, 내가 장차 관백에게 상소하여 죄상을 두루 말하려 한다.' 하였더니, 도주가 허락하였습니다. 드디어 이인성(李仁成)으로 하여금 소(疏)를 지어 바치게 하자, ⑤도주의 아비가 백기주에 간청하여 오기를, '이 소를 올리면 내 아들이 반드시 중한 죄를 얻어 죽게 될 것이니 바치지 말기 바란다.' 하였으므로, 관백에게 품정(稟定)하지는 못하였으나, 전일 지경을 침범한 왜인 15인을 적발하여 처벌하였습니다. 이어서 ⑥저에게 말하기를, '두 섬은 이미 너희 나라에 속하였으니, 뒤에 혹 다시 침범하여 넘어가는 자가 있거나 도주가 혹 함부로 침범하거든, 모두 국서(國書)를 만들어 역관(譯官)을 정하여 들여보내면 엄중히 처벌할 것이다.' 하고, 이어서 양식을 주고 차왜를 정하여 호송하려 하였으나, 제가 데려가는 것은 폐단이 있다고 사양하였습니다."
하였고, 뇌헌 등 여러 사람의 공사(供辭)도 대략 같았다. 비변사에서 아뢰기를,
　"우선 뒷날 등대(登對)할 때를 기다려 품처(稟處)하겠습니다."
하니, 윤허하였다.4)

---

4) '備邊司推問安龍福等 龍福以爲 渠本居東萊 爲省母至蔚山 適逢僧雷憲等 備說頃年 往來鬱陵島事 且言本島海物之豐富 雷憲等心利之 遂同乘船 與寧海篙工劉日夫等 俱發到本島 主山三峰 高於三角 自南至北 爲二日程 自東至西亦然 山多雜木鷹烏猫 倭船亦多來泊 船人皆恐 渠倡言 鬱島本我境 倭人何敢越境侵犯 汝等可共縛之 仍進船頭大喝 倭言吾等 本住松島 偶因漁採出來 今當還往本所 松島即子山島 此亦我國地 汝敢住此耶 遂於翌曉 拕舟入子山島 倭等方列釜鬻煮魚膏 渠以杖撞破 大言叱之 倭等收聚載船 擧帆回去 渠仍乘船追趁 猝遇狂飇 漂到玉岐島 島主問入來之故 渠言 頃年吾入來此處 以鬱陵子山等島 定以朝鮮地界 至有關白書契 而本國不有定式 今又侵犯我境 是何道理云爾 則謂當轉報伯耆州 而久不聞消息 渠不勝憤惋 乘船直向

위의 『숙종실록』 내용을 보면 안용복 진술 내용 중에 독도영유권 문제와 관련이 있는 것은 대략 다음의 6가지로 정리할 수 있다.

① 울릉도와 독도에 와서 어로행위를 하고 있던 많은 일본인들을 꾸짖자 그들이 도주하여 추격했다.

② 오키도로 표류하여 도주에게 지난번에 안용복이 관백에게서 울릉도와 자산도가 조선의 영토임을 인정하는 서계를 받았는데, 또다시 일본인들이 조선의 영토를 침범한 것을 질책했다.

③ 호키주로 가서 울릉자산양도감세(鬱陵子山兩島監稅)라고 가칭한 후, 도주5)로부터 초대를 받아 고을로 들어갔다. 이때 안용복은 푸른 철릭를 입고 검은 포립을 쓰고 가죽신을 신고 교자(轎子)를 탔으며, 다른 사람들은 모두 말을 타고 이동했다.

④ 안용복이 도주와 마주 앉아 관백에게 상소하여 대마도주의 횡포를 알리고, 울릉도와 독도에 침범한 일본인들에 대한 처벌을 요구하겠다고 전하자 도주가 허락하였다.

伯耆州 假稱鬱陵子山兩島監稅 將使人通告本島 送人馬迎之 渠服靑帖裏 着黑布笠 穿皮鞋乘轎 諸人並乘馬 進往本州 渠與島主 對坐廳上 諸人並下坐中階 島主問何以入來 答曰 前日以兩島事 受出書契 不啻明白 而對馬島主 奪取書契 中間僞造 數遣差倭 非法橫侵 吾將上疏關白 歷陳罪狀 島主許之 遂使李仁成 構疏呈納島主之父 來懇伯耆州曰 若登此疏 吾子必重得罪死 請勿捧入 故不得禀定於關伯 而前日犯境倭十五人 摘發行罰 仍謂渠曰 兩島旣屬爾國之後 或有更爲犯越者 島主如或橫侵 並作國書 定譯官入送 則當爲重處 仍給糧 定差倭護送 渠以帶去有弊 辭之云 雷憲等諸人 供辭略同 備邊司啓請姑待後日登對禀處 允之 『肅宗實錄』卷 三十, 肅宗 二十二年 九月 戊寅條

5) 돗토리 번주를 칭하는 것 같으나 확실하지 않음

⑤ 도주 아비의 요청으로 관백에 대한 상소는 취소하였으나 울릉도와 독도에 침범한 일본인 15명을 처벌하였다.

⑥ 도주가 울릉도와 독도가 이미 조선 소속으로 정해졌으니 향후 국경을 넘는 자가 있을 때에는 국서로 연락을 해주면 엄중히 처벌하겠다고 말했다.

위의 『숙종실록』 내용 중에 일본 측은 ③에 적힌 안용복의 행적만 사실로 인정할 뿐 나머지는 다 과장되거나 허구이며 사실과 반대된다고 하고 있다. 일본 외무성은 안용복의 진술이 아래와 같은 이유로 허구라고 주장하고 있다.

① 1693년의 피랍 당시에 막부가 울릉도와 독도를 조선의 영토로 인정한다는 내용이 담긴 문서를 부여할리가 없으며, 실제로 그러한 사실은 없다.

② 안용복이 1696년 일본에 왔을 때 울릉도에 많은 일본인이 있었다고 말한 것은 거짓이다.

③ 한국 측 자료에 따르면 안용복의 진술은 1696년에 국가의 금지명령을 어기고 국외로 도항했다가, 귀국 후 조사를 받았을 때 진술한 내용에 따른 것이므로 신빙성이 결여된다.

이러한 이유로 일본 정부는 '안용복의 진술은 사실과 반대되는 것이므로 그의 진술에는 신빙성이 결여되어 있다'라는 결론에 도달한 것으로 보인다. 이러한 일본 정부 주장의 근거는 아래와 같은 것이다.

① 안용복이 조선에 송환된 후에서야 울릉도와 관련한 조일 간의 외교교섭이 개시되었으므로 1693년에 안용복에게 막부가 울릉도와 우산도(독도)가 조선 영토라고 하는 문서를 부여할 리가 없다.

② 안용복이 1696년 5월에 일본에 왔을 때 울릉도에 많은 일본인이 있었다고 진술하고 있지만, 그 해 1월에 막부가 도해를 금지하는 결정을 내렸으며, 도해면허도 반납되었으므로 울릉도에서 일본인을 만났을 가능성이 없다.

③ 안용복은 조선을 대표한 관리가 아니며, 그가 1696년에 밝힌 관직은 사칭한 것에 불과할 뿐이므로 그가 한 주장은 아무런 공신력이 없다.

또한 일본은 안용복의 진술 중에 안용복이 일본인에게 "<u>송도는 자산도(子山島)로서, 그것도 우리 나라 땅인데 너희들이 감히 거기에 사는가?</u>"(松島即子山島、此亦我国地、汝敢住此耶)'라고 했다는 내용에 대해서도 안용복이 1693년에 일본으로 끌려와서 인식하게 된 송도(독도)를 조선의 전통적인 지리적 지식인 우산도에 대응시킨 것이며, 그가 얘기한 '자산도'도 실제로는 독도를 의미하는 것이 아니라고 주장하고 있다.

일본 정부가 안용복에 대한 이러한 인식 및 이미지를 갖게 된 것은 그동안 일본 연구자들의 연구결과를 집대성한 것이라고 보아야 할 것이다. 따라서 아래에서는 일본 측 연구자들이 위와 같은 안용복 이미지를 구축하게 된 과정에 대해서 살펴보도록 한다.

★ 일본 학자들의 안용복 이미지 구축

1952년에 일본 측의 문제제기로 독도문제가 발생하기 이전에는 안용복에 대한 일본 측 연구자의 연구는 존재하지 않으며, 안용복에 대한 연구가 일본에서 진행된 것은 1950년대 이후인 것으로 보인다. 일본 측의 연구는 주로 대한민국 정부의 견해(1953년 9월 9일 및 1954년 9월 25일 자 대한민국 주일대표부 구상서)에 대한 비판 차원에서 추진되었다. 대한민국 정부의 구술서에는 『숙종실록』 및 『동국문헌비고』에 실린 안용복 관련 기사를 근거로 삼아 안용복이 조선시대에 한국 영토의 일부인 울릉도 및 독도 수역을 일본국민이 침범하지 않도록 지켰으며, 일련의 사건 후 당시 일본 정부는 옛날부터 우산국의 영토였으며, 한국에 소속되어 있던 울릉도 및 우산도에 대한 한국의 영유권을 확실하게 확인했다고 기술하고 있다. 따라서 1953년과 1954년에 한국 측이 보낸 구술서에서 안용복에 대한 언급을 하였기 때문에 일본 측은 그 내용에 대한 비판을 위해 안용복에 대해 관심을 갖게 되었으므로 일본에서 안용복에 대한 인식 및 이미지가 정립된 것은 1953년 이후로 보아야 할 것이다. 아래에서는 일본의 안용복 인식 및 이미지를 정립하는데 선도적인 역할을 한 것으로 보이는 일본 연구자들의 연구 결과를 살펴보기로 하겠다.

- 다가와 고죠(田川孝三)의 주장

다카와의 연구는 일본인 연구자 중에 최초로 안용복에 관한 인식을 제시한 것으로 보이며, 위에서 언급한 일본 정부 주장의 핵심적인 요소 거의 대부분이 다가와의 주장에서 나온 것이라고 할 수 있다. 그리고 이후 연구자들의 주장 또한 다가와의 주장을 답습하거나 비판하는 수준이라고 할 수 있을 것이다. 다가와의 연구는 1953년 및 1954년 의 대한민국 정부 구술서에 대한 비판으로 쓰인 것으로 보이며, 그 과정에서 안용복에 대한 인식과 이미지를 구축한 것이라고 할 수 있을 것이다. 다가와의 안용복 이미지를 정리해보면 아래와 같다6).

① 안용복은 원래 한양에 거주하는 오충추(吳忠秋)라는 인물의 사노비로, 동래에 거주하고 있었으며, 성격이 거칠고 난폭했다.

② 1696년 안용복이 울릉도에서 다수의 일본 어민을 만나, 울릉도와 자산도가 조선의 영토임을 알리고 자산도로 가서 일본 어민을 쫓아냈다는 『숙종실록』 내용은 있을 수 없는 일이므로 거짓이다.

③ 안용복이 오키 섬에 표착한 후에 도주와 대면하고 울릉도 및 자산도의 영유권에 관한 관백의 서계에 대해 힐책한 것은 모두 지어낸 거짓말이다.

④ 안용복이 '울릉우산양도감세장(鬱陵于山兩島監稅將)'이라고 자칭하고 본인의 관위를 '삼품당상신안동지(三品堂上臣安同知)'라고 한 것은 다른 나라에 와서 허세를 부린 것일 뿐 국가를 대표하는 행위가 아니었다.

⑤ 안용복이 도주와 대청에서 대좌하여 영토문제에 대해 얘기하였다는 것과 울릉도로 건너간 일본인 15명이 처벌받았다는 것도 허위사실이다.

---

6) 田川孝三,「竹島領有に關する歷史的考察」『東洋文庫書報』20卷, 1988(실제 집필은 1960년), 24P~36P

다가와는 위와 같은 주장을 통해 『숙종실록』 등에 실린 안용복의 진술이 사실에 입각해서 기록된 것이 아니라 범죄자의 진술로 목격자나 증인이 없었으므로 허구와 과장으로 가득 찬 것이라고 단언하고 있다. 이러한 다가와의 주장의 근거는 아래와 같은 것이다.

① 이케다 번의 기록인 『인푸년표』에 실린 '이번의 외국인 중에 포악한 자가 있다고 한다[7])'라는 기사가 있다.

② 1696년 1월 28일에, 울릉도 도해금지명령이 내렸기 때문에 오야·무라카와 가문은 물론 다른 어민들도 울릉도로 도해하지 않았다. 따라서 울릉도에서 일본 어민들을 만났을 가능성이 없다.

③ 중차대한 사안임에도 불구하고 일본 측 기록에 그러한 내용이 존재하지 않는다.

④ 조선시대에 '울릉우산양도감세장'이란 관직은 없었으며, '동지'는 종2품 관직이고 당상은 3품 이상이었으므로, 관리를 사칭한 것이었다.

⑤ 당시 돗토리 번주는 에도에 있었으므로 안용복과 대면할 수가 없었으며, 또 울릉도로 갔던 일본인이 처벌을 받았다는 기록도 없다.

따라서 다가와는 『숙종실록』에 기재되어 있는 내용을 일본 측 기록과 대조해보면 안용복이 울릉도에서 오키를 경유하여 이나바 지방에 온 것만 인정할 수 있을 뿐, 일본과 관련된 다른 진술은 모두 허구라고 단언할 수 있고 그 진술 내용은 모두 안용복이 지어낸 말일뿐

---

[7]) 『因府年表』(5月28日條), 「此度の異客の内に暴悪の者有之由相聞候」

진실이 아니라며, 안용복을 거짓말쟁이로 몰고 있다. 이러한 다가와의 연구결과를 근거로 하여 일본에서는 안용복이 귀국 후에 비변사에서 한 진술은 대부분 허위이므로, 그가 거짓말쟁이라는 인식과 이미지가 성립된 것으로 보인다.

- 가와카미 겐죠(川上健三)의 주장

다음으로 일본에서 안용복에 대해 언급한 연구자 중의 하나로 가와카미 겐죠를 들 수 있다. 그는 그의 저서인 『竹島の歷史地理學的硏究』에서 안용복에 대해 기술하고 있으며 그의 주장을 정리해보면 아래와 같다[8].

① 안용복이 울릉도에 갔을 때 그 섬에 왜선이 많이 와 있었기 때문에 그들에게 울릉도와 자산도(독도)는 조선의 영토라며 호통을 쳤다고 하는 것은 허구와 과장으로 가득 찬 허언이다.

② 안용복이 '울릉우산양도감세장(鬱陵于山兩島監稅將)'이라고 자칭하고 본인의 관위를 '삼품당상신안동지(三品堂上臣安同知)'라고 한 것은 일본이 조선 사정에 어두운 것을 이용하여 허세를 부려서 관직을 잠칭한 것일뿐, 조선정부의 위임을 받아서 일본에 온 것이 아니다.

③ 『숙종실록』 등에는 안용복이 오키도주와 만나 울릉도 및 자산도를 조선의 영토라고 인정하는 관백의 서계를 받았음에도 불구하고 또 다시 조선영토를 침범하고 있다고 힐책했으며, 안용복이 관백에게 상소를 올리겠다고 하자 도주는 허락하였으나, 도주의 아버지가 간청하여 상

---

[8] 川上健三, 『竹島の歷史地理學的硏究』, 古今書院, 1996(復刻新裝版, 초판은 1966년),167P~173P

소를 올리지 않고, 그 대신 울릉도와 자산도를 침범한 일본인 15명을 처벌했다는 것은 아무런 근거가 없는 허구이다.

④ 『숙종실록』에 기록된 안용복의 진술 중에 그가 울릉도에서 오키를 경유하여 돗토리에 표류한 것과 돗토리 성으로 갈 때 안용복은 가마를 타고 나머지 사람들은 말을 타고 이동했다는 것만 사실이다.

이처럼 가와카미는 비변사에서 안용복이 행한 진술 내용 중에 ④의 울릉도에서 오키를 경유하여 이나바와 호키 지방으로 간 것과 그리고 이동할 때 가마를 탔다는 것 외에는 모두 거짓이라고 주장하고 있으며 그의 주장의 근거는 아래와 같다.

① 1696년 1월 28일에 막부가 봉서를 내려 에도에 있던 번주에게 죽도 도해를 금지한다는 명령이 전달되었으므로 오야 및 무라카와는 물론 다른 어민도 죽도로 가지 않았다. 「오야가 문서」에 따르면 1696년의 금지조치로 인해 죽도로 가지 못하게 되자 가업을 잇지 못하게 되어 생활을 하지 못하게 되었다고 기술되어 있다.

② 조선에는 '울릉우산양도감세장(鬱陵于山兩島監稅將)' 또는 '조울양도감세장'이란 관직이 없으며, 당상은 삼품 이상을 칭하는 것이지만, 동지의 품위는 종이품이므로 관위에 모순이 있다.

③ 울릉도와 자산도를 조선영토로 인정했다는 중대한 문제를 제기했음에도 불구하고 일본 측 자료인 『御在府日記』, 『因府年表』, 『竹島紀事』, 『池田家文書』에는 아무런 언급이 없으며, 당시 막부가 안용복에게 그러한 내용의 서계를 줬을 리가 없다. 물론 상소를 올리는 것을 허락하거나 일본인을 처벌한 적도 없다.

가와카미의 주장은 대부분 다가와가 했던 주장의 연속선상에 있는 것으로 다가와의 논리를 보완하기 위해 약간 새로운 자료를 제시하였을 뿐 새로운 주장을 펼친 것은 아니라고 볼 수 있다. 다가와로부터 시작된 안용복 거짓말쟁이라는 인식과 이미지를 가와카미도 그대로 이어받았으며, 이러한 그들의 주장이 현재 일본 정부의 공식 견해에 기초가 된 것이라고 할 수 있다.

- 나이토 세이추(內藤正中)의 주장

다음으로는 안용복에 대한 인식과 관련해서 일본 연구자 중에 다가와 및 가와카미와 약간 다른 견해를 피력한 나이토 세이추를 들 수 있다. 나이토 세이추는 초기의 주장과 후기의 주장이 약간 차이점을 보이고 있어 흥미로운 점이 있다. 그는 1996년에 출간한 논문「元祿9年 安龍福事件9)」, 2000년에 출판한 저서『竹島(鬱陵島)를 둘러싼 日朝關係史10)』, 그리고 2005년에 저술한 논문「隱岐의 安龍福11)」에서 1693년과 1696년에 일본을 방문한 안용복에 대해서 논술하고 있다. 나이토의 경우는 안용복과 관련해서「元祿9年 安龍福事件」에서는 『숙종실록』등에 기술된 안용복의 진술은 1693년과 1696년의 두 번에 걸친 일본 방문 경험을 토대로 하여 만든 자작극으로 대부분이 사실관계와 다른 허위였다고 정리하고 있다12). 또『竹島(鬱陵島)를 둘러싼

---

9) 內藤正中,「元祿9年 安龍福事件」『北東アジア文化研究』(第4号) 鳥取短期大学北東アジア文化総合研究所, 1996
10) 內藤正中,『竹島(鬱陵島)をめぐる日朝關係史』, 多賀出版, 2000
11) 內藤正中,「隱岐의 安龍福」『北東アジア文化研究』(第22号) 鳥取短期大学北東アジア文化総合研究所, 2005.
12) 內藤正中,「元祿9年 安龍福事件」『北東アジア文化研究』(第4号) 鳥取短期大学北東アジア文化総合研究所, 1996. 5P

日朝關係史』에서도『숙종실록』등에 실린 안용복의 진술이 사실과 크게 다른 것이라는 다가와와 가와카미의 주장을 그대로 인정하고 있다13).

뿐만 아니라 초기의 나이토는 안용복의 활동에 대한 한국 측의 견해와 연구는 비변사에서의 진술내용을 기록한『조선왕조실록』등에만 의존하고 있을 뿐 일본 측 사료는 전혀 고려하지 않고 있으며, 17세기 말에 일본으로 건너가 독도 영유권을 막부에 확인시켰다고 전해지고 있는 안용복은 한국과 북한의 일국주의(一國主義) 역사관이 만들어 낸 전형적인 산물14)이라며 한국 측의 연구에 대해서 비판을 가하면서 안용복의 비변사 진술 대부분이 허위라는 기존의 논리를 그대로 인정하고 있다.

하지만 나이토는 안용복의 비변사 진술 중에 있는 울릉도와 자산도가 조선 영토임에도 불구하고 일본인 어민이 침범하여 어로행위를 하고 있는 것에 대해 항의하기 위해 스스로 '조울양도감세장(울릉우산양도감세장)'을 사칭하여 오키를 거쳐 돗토리 번까지 갔다는 것은 확실한 사실이며, 이러한 사실을 무시하고 무조건 안용복의 진술을 '허구와 과장으로 가득찬 것'이라고만 비판하는 것은 사건의 본질을 오인하거나, 역사적 의미를 왜곡하는 것이 된다며 안용복의 진술에 대한 기존의 분석 및 주장에 대해 약간의 유보적인 자세를 보이고 있다15).

그리고 나이토는 안용복이 돗토리의 아카사키나다(赤岐灘)에 도

---

13) 內藤正中,『竹島(鬱陵島)をめぐる日朝關係史』, 多賀出版, 2000, 96P
14) 內藤正中,『竹島(鬱陵島)をめぐる日朝關係史』, 多賀出版, 2000, 9P
15) 內藤正中,「元祿9年 安龍福事件」『北東アジア文化研究』(第4号) 鳥取短期大学北東アジア文化總合研究所, 1996. 6P, 內藤正中,『竹島(鬱陵島)をめぐる日朝關係史』, 多賀出版, 2000. 96P

착한 6월 4일부터 돗토리 성으로 이동한 21일까지 행적은 돗토리 번에 상세한 기록이 남아있으나, 그 이후의 행적은 아주 간략한 기술로 마무리되어 있는 것에 의문을 제시했다. 특히 약 1개월 가까이 안용복을 외교사절처럼 접대했던 돗토리 번 당국이 막부의 태도가 달라졌음을 인지한 순간부터 안용복에 대한 외교사절 대우를 그만두고 따로 격리수용하였으며, 갑자기 기록 또한 남기지 않고 있는 점을 지적하고 있다. 이렇게 된 이유로 나이토는 돗토리 성에서 안용복이 체재하던 기간 중에 '기록으로 남겨서는 안 될 만한 문제가 있었기 때문이었다고 생각하는 것이 가장 타당할 것으로 생각된다16)'라고 안용복에 대한 기존의 비판을 뒤집는 주장을 했다.

나이토의 주장에 따르면 안용복이 비변사에서 진술한 내용 중의 일부분이 실제로는 이루어졌으나 돗토리 번이 그 기록을 삭제했을 가능성이 있다는 의문점을 제기한 것이다. 이러한 나이토의 의문점은 2005년 5월에 시마네 현 오키군의 무라카미 가문에서 발견된「원록9년 병오 조선주 착안 일권지 각서(元祿九年丙午朝鮮舟着岸一卷之覺書)」가 발견된 후에 발표한 논문「隱岐의 安龍福17)」에서 어느정도 해소가 되게 되며 그동안 일본 측이 안용복의 진술이 대부분 허위라고 주장해왔던 것을 뒤엎을 수 있는 기초적인 논거가 마련되었다고 볼 수 있다.

나이토는「隱岐의 安龍福」에서「원록 9년 병오 조선주 착안 일권지 각서」를 통해 보면 안용복이 울릉도와 자산도가 조선의 영토라는

---

16) 內藤正中,「元祿9年 安龍福事件」『北東アジア文化研究』(第4号) 鳥取短期大学北東アジア文化総合研究所, 1996, 19P
17) 內藤正中,「隱岐의 安龍福」『北東アジア文化研究』(第22号) 鳥取短期大学北東アジア文化総合研究所, 2005.

것을 주장하기 위해 '팔도지도(八道之圖)'를 미리 준비하고 지참하여 일본으로 왔다는 것은 분명하기 때문에 그의 방일 목적이 울릉도와 자산도가 조선 영토라는 것을 주장하기 위한 것이었다는 것을 알 수 있다고 명언하고 있다18). 이러한 결과를 참작하여 나이토는 안용복이 비변사에서 한 진술이 모두 지어낸 것이라고 부정하는 일본 측의 인식을 수정해야 할 필요가 있다고 주장하고 있다.

- 이케우치 사토시(池內敏)의 주장

가장 최근의 안용복 관련 연구로써는 이케우치 사토시의 『죽도문제라는 것은 무엇인가』라는 서적을 들 수 있다. 이케우치는 그의 논저에서 안용복사건에 대한 한일 양국의 기존 연구에 대한 평가와 함께 역사적인 평가를 재검토한다고 밝히고 있다. 이케우치의 기술에 따르면 현대 한국에서는 안용복을 영웅시하고 있으며, 한편 일본에서는 안용복의 진술을 허언이라고 취급하는 경향이 강하다고 정리하고 있다. 따라서 그는 논저를 통해 안용복 사건을 실증적으로 재검토하고, 또 안용복의 인물상도 분석하겠다고 하고 있다19).

이케우치는 기존의 안용복 연구 내용을 정리한 후에 그의 견해를 밝히고 있는 데 그 내용을 정리하면 아래와 같다20).

① 안용복이 돗토리에서 울릉도와 자산도가 조선영토임을 주장했다고 하는 것은 인정할 수 없다.

---

18) 內藤正中,「隱岐의 安龍福」『北東アジア文化硏究』(第22号) 鳥取短期大学北東アジア文化総合研究所, 2005. 11~13P
19) 池內敏, 『竹島問題とは何か』 2012, 名古屋大学出版会, 152~153P
20) 池內敏, 『竹島問題とは何か』 2012, 名古屋大学出版会, 158~207P

② 『숙종실록』에 기록된 안용복의 진술 중에 그가 울릉도에서 오키를 경유하여 돗토리에 표류한 것과 안용복은 가마를 타고 나머지 사람들은 말을 타고 돗토리 성으로 들어갔다는 내용 중에 돗토리 성으로 들어갔다는 것은 인정할 수 없다.

③ 안용복이 울릉도에 갔을 때 그 섬에 왜선이 많이 와 있었서 그들에게 울릉도와 자산도(독도)는 조선의 영토라며 호통을 치고 도망가는 그들을 쫓다가 오키로 왔다고 한 진술은 인정할 수 없다.

④ 안용복이 오키도주와 만나 울릉도 및 자산도를 조선의 영토라고 인정하는 관백의 서계를 받았음에도 불구하고 또 다시 조선영토를 침범하고 있다고 힐책했으며, 안용복이 관백에게 상소를 올리겠다고 하자 도주는 허락하였으나, 도주의 아버지가 간청하여 상소를 올리지 않았다고 진술한 것은 근거가 없다.

이케우치는 위와 같이 주장한 후, 안용복의 진술은 조선에서 도항을 금지하고 있는 섬인 울릉도로 건너갔을 뿐만 아니라 국경을 넘어 일본까지 다녀 온 범죄행위를 영토를 지키기 위한 행위였다고 변명하려는 것으로 보는 것이 맞을 것이라고 단언하고 있다.

이케우치는 위의 주장에 대한 근거로 아래와 같은 내용을 들고 있다.

① 돗토리 번의 기록에 따르면 안용복의 소송내용이 울릉도에 관한 것이 아니라고 되어 있으므로 울릉도 및 자산도의 영토문제와는 관계가 없는 것으로 판단된다. 당시 안용복이 지참하여 가져왔다는 「조선팔도지도」 또한 울릉도와 자산도가 강원도에 속한 조선 영토란 것을 주장하기 위한 것이 아니라 지리적인 인식을 보이기 위한 것일 뿐이다.

② 돗토리 번이 남긴 자료 중에 안용복의 돗토리 성 입성을 위한 통행규제가 이루어졌다는 기록이 없으며, 안용복이 돗토리 성으로 들어왔다고 기술한 일본 측 자료인 『인푸년표』에 그들을 호위했다고 기술된 3명의 가신들 중에 1명이 당시 번주의 참근교대에 수행하여 에도로 가고 돗토리에는 없는 상태였으므로 안용복을 호위할 수 없다.

③ 1694년에 돗토리 번은 오야·무라카와 가문에 대한 자금원조를 중단한다고 선언했으며, 1695년에 그들이 울릉도로 갔을 때에도 조선인들이 많이 있었기 때문에 그냥 돌아왔다. 이러한 상황 하인 1696년에 다수의 일본인이 울릉도로 출어했다고 인정하기 어려우며, 그들을 쫓아서 오키에 왔다고 하지만 일본 측 기록에 그러한 내용이 없다.

④ 안용복이 1693년에 막부로부터 그러한 내용의 서계를 받을만한 기회가 없었으므로, 안용복이 1696년에 창작한 내용이라는 것은 의심할 여지가 없는 사실이다. 그리고 돗토리 번주를 만나서 대화하였다는 것 또한 당시 번주와 안용복 일행 사이에 대면할 수 있는 시간도 기회도 없었다. 또 돗토리 번의 중신과 대면한 것을 안용복이 착각한 것이라는 가설 또한 안용복이 돗토리 성에 들어가지 않았으므로 가능성이 전혀 없는 것이다.

이러한 주장을 통해 이케우치는 안용복의 진술을 증명해주는 역사적 사실이 존재하지 않는다는 것은 거의 명백한 것이니 만큼 안용복의 진술을 바탕으로 그를 독도를 지킨 영웅이라고 하는 것은 객관적으로 증명되지 않은 부적절한 평가라고 할 수 있다며, 나이토 세이추가 안용복의 진술에 대해 약간의 유보적인 태도와 긍정적인 평가를 보인 것조차 모두 부정하고 있다.

뿐만 아니라 이케우치는 기존에 안용복이 돗토리 성으로 들어갔다는 진술은 사실이라는 한일 연구자들의 공통적인 인식조차도 모두 부정하고 있다. 이러한 연구 성과를 바탕으로 이케우치는 안용복에 대해 '안용복의 뇌리에서 국토를 지키려고 하는 의사가 보이지 않는 것은 분명하다. 거기에 있는 것은 겨우 자신의 이권을 확보하겠다는 의사뿐이었기 때문이다[21]'라고 평가절하하고 있다.

▍일본 측 주장에 대한 분석

위에서 검토해본 결과 일본인 연구자들의 안용복에 대한 인식과 이미지를 알 수가 있었다. 다음으로 일본인 연구자들의 안용복에 대한 인식의 경향을 살펴보기 위해 그들이 『숙종실록』에 기록되어 있는 안용복의 비변사 진술에 대한 견해를 세분화하여 분석해보고자 한다. 그를 위해 안용복 진술을 먼저 문제점을 중심으로 구분하여 정리해보자. 안용복 진술은 크게 6가지의 문제점을 내포하고 있는 것으로 보인다. 그 문제점을 정리하면 아래와 같다.

① 1696년에 울릉도에 일본인이 다수 있었는가?
② 일본인들에게 울릉도와 자산도가 조선 영토라고 주장했는가?
③ 1693년에 관백의 서계를 받았는가?
④ 안용복이 조선 정부를 대표했는가?
⑤ 안용복은 관복을 입고 말을 타고 돗토리 성으로 들어갔는가?
⑥ 돗토리 성에서 관백에게 제출할 소장을 제출하려고 했는가?

---

21) 池內敏, 『竹島問題とは何か』 2012, 名古屋大学出版会, 185P

이상과 같은 6개의 문제점을 각각의 연구자들의 견해를 아래의 〈표1〉에 정리해보았다.

〈표1〉 안용복의 비변사 진술에 대한 일본 연구자들의 견해

비변사 진술 내용	다가와	가와카미	나이토	이케우치
1696년에 울릉도에 일본인이 다수 있었는가?	X	X	X	X
일본인들에게 울릉도와 자산도가 조선 영토라고 주장했는가?	X	X	X	X
1693년에 관백의 서계를 받았는가?	X	X	X	X
안용복이 조선 정부를 대표했는가?	X	X	X	X
안용복은 관복을 입고 말을 타고 돗토리 성으로 들어갔는가?	O	O	O	X
돗토리 성에서 관백에게 제출할 소장을 제출하려고 했는가?	X	X	O	X

(O는 인정, X는 부정)

위의 표를 참조하면 일본 측 연구자들은 『숙종실록』에 기록되어 있는 안용복의 비변사 진술 중에서 안용복이 1696년에 일본의 오키지방과 돗토리 지방을 방문했다는 사실만을 인정할 뿐 나머지 모든 진술을 부정하고 있는 것을 알 수 있다.

위에서 제시한 6개의 문제점 중에서 '① 1696년에 울릉도에 일본인이 다수 있었는가?'에 대해서는 다가와, 가와카미, 나이토, 이케우치 모두 부정하고 있다. 그리고 '② 일본인들에게 울릉도와 자산도가 조선 영토라고 주장했는가?'라는 문제점에 대해서는 울릉도와 자산도에 일본인이 없었으므로 그럴 가능성이 없다는 점에서 네 명 모두 부정하고 있다. '③ 1693년에 관백의 서계를 받았는가?'에 대해서도 또

한 네 명 모두 부정하고 있다. '④ 안용복이 조선 정부를 대표했는가?'는 당연히 그러지 않았으므로 부정당하고 있다. 하지만 '⑤ 안용복은 관복을 입고 말을 타고 돗토리 성으로 들어갔는가?'에 대해서는 다가와와 가와카미, 나이토는 인정하고 있으나, 이케우치는 이를 부정하고 있다. 마지막으로 '⑥ 돗토리 성에서 관백에게 제출할 소장을 제출하려고 했는가?'에 대해서는 다가와, 가와카미, 이케우치는 부정하고 있으나, 나이토는 그러한 시도가 있었던 것으로 보아야 할 것이라고 주장하고 있다. 이러한 일본 측 연구자들의 주장을 참고로 한다면 일본 정부가 내놓은 안용복에 대한 인식이 다가와와 가와카미의 인식에 많이 의거하고 있다는 것을 알 수있다. 그리고 일본 측 연구자들의 견해가 '원록9년 병자 조선주 착안일건 각서' 발견이후에 나이토 세이추의 경우처럼 안용복의 진술에 대한 긍정적인 면을 주장하는 연구자가 생기는 한편으로 이케우치와 같이 기존의 주장을 반복하는 연구자도 있다.

특히 이케우치의 경우는 그간 일본 측 연구자들도 인정하고 있던 안용복의 돗토리 성 입성까지도 부정하고 있어 완벽하게 안용복 진술 내용을 부정하고 있다. 이러한 인식 위에 이케우치는 안용복이 조선의 국토를 지키려고 죽음을 무릅쓰고 먼 바다를 건너 일본으로 건너가 울릉도와 독도에 대한 영유권을 확보했다는 이미지조차도 부정하면서 단지 그가 자신의 이권을 확보하려고 했을 뿐이라고 주장하고 있다. 이케우치 주장의 옳고 그름은 차치하고서라도 그러한 안용복에 대한 인식을 드러내고 있는 것은 사실이다.

본고의 목적은 일본 측의 안용복 인식 및 이미지에 대한 분석이지 일본 측 주장을 비판하는 것이 아니므로 그에 대한 학술적인 반론은 제기하지 않겠으나, 단지 이케우치의 주장이 확실하게 논증된 것이라고 인정하기 어렵다는 점은 밝혀두고 싶다. 이케우치는 안용복이 돗토리 성에 입성하지 않았다는 근거로 돗토리 번의 사료에 교통규제를 한 기록이 없다는 것과 당시 안용복 일행을 호위했다는 돗토리 번 가신들 중에 한사람이 1695년에 번주의 참근교대에 수행하여 에도로 갔기 때문에 돗토리에 없었다는 것을 들고 있다.

하지만 이러한 이케우치의 주장에는 문제가 있다고 할 수 있다. 먼저 돗토리 번의 사료에 교통규제를 한 기록이 안 보이는 것에 대해서는 이미 나이토 세이추가 언급한 바와 같이 돗토리 번의 기록이 막부의 태도가 변화한 이후 침묵하고 있는 것과 상관관계가 있을 것이란 점을 고려하지 않고 있다. 또 당시 호위를 담당한 가신이 번주의 참근교대에 수행하여 에도에 있었으므로 돗토리에서 안용복 일행을 호위할 수가 없었다는 주장에 대해서는 에도시대의 가신들이 담당한 군역이 사무라이 개인에게 부여되는 것이 아니라 그 가문에 부여되는 것이라는 점을 고려하지 않았으며, 뿐만 아니라 에도시대 중기 이후 각 번이 참근교대 경비를 절약하기 위해 참근교대에 수행한 가신들 중의 대부분을 에도에 도착하자마자 곧바로 번으로 돌려보냈다는 점을 고려하지 않고 있다. 현재 이케우치는 참근교대에 수행했다는 사료만을 근거로 삼고 있다. 따라서 이케우치의 주장이 완벽하게 입증되기 위해서는 그 가신이 에도에 1년간 체재하고 있었다는 증명이 제출되어야 할 것이다.

그러므로 이케우치의 주장으로 기존의 안용복이 돗토리 성으로 들어갔다는 것을 인정하던 견해가 완벽하게 부정당한 것이 아니다. 따라서 일본 측 연구자들의 주장은 안용복이 일본으로 왔으며, 돗토리 성으로 들어가 돗토리 번 당국자들과 대담을 한 것까지는 인정하지만,

그 외의 안용복 진술을 모두 부정하고 있는 것으로 정리할 수 있다. 이러한 일본 측 연구자들의 주장을 근거로 하여 일본 정부는 안용복에 대한 인식과 이미지를 구축하였으며, 일본 외무성이 내놓은 '다케시마 문제에 관한 10개의 포인트' 중의 '포인트 5'를 통해서 안용복의 진술이 사실과 반대된다며, 안용복을 거짓말쟁이로 몰아가고 있는 것이다.

그들의 주장이 사실인지 아닌지를 고찰하는 것이 본고의 목적이 아닌 이상 그 부분에 대해서는 언급하지 않겠으나, 일본 정부의 안용복 인식은 그들의 독도에 대한 영유권 주장을 합리화하기 위해 끼워맞추기식으로 만들어진 논리인 것은 분명하다. 그리고 일본 정부의 주장을 뒷받침해주고 있는 연구자들의 안용복 인식 또한 1953년과 1954년에 한국 측이 보낸 구술서에 대한 비판을 위해 구축된 것으로 애초부터 안용복의 진술을 거짓말로 몰아가야 한다는 인식이 근저에 깔려있었다고 할 수 있다.

그들이 간과하고 있는 것은 『숙종실록』의 안용복 진술 관련 기록의 마지막 부분에 적혀있는 '뇌헌 등 여러 사람의 공사(供辭)도 대략 같았다[22].'라는 내용이다. 즉 안용복의 진술은 안용복 혼자만의 진술이 아닌 뇌헌 등 안용복과 함께 일본으로 갔던 11명의 진술이란 것을 무시하고 단순하게 안용복의 진술뿐인 것으로 만든 것이다. 그러한 과정을 통해 그를 거짓말쟁이로 몰아세워 한국 측의 주장을 부정하기 위해 안용복에 대한 이미지를 구축하였으며, 그것이 오늘날까지 그대로 이어지고 있다.

---

[22] '雷憲等諸人 供辭略同'『肅宗實錄』卷 三十, 肅宗 二十二年 九月 戊寅條

맺음말

이상과 같이 일본 측의 안용복 인식과 이미지에 대해 살펴보았다. 일본 측은 한국정부의 주장을 비판하기 위해 안용복에 대한 인식과 이미지를 1950년대 이후 만들어왔으며, 이를 뒷받침해준 것은 다가와로부터 시작된 일본 측 연구자들의 주장이었다는 것을 알 수 있다.

이러한 일본 측 연구자들의 연구 또한 1950년대 이후 한국정부의 주장을 부정하기 위해서 개시된 것으로 연구가 지극히 정치적인 목적 하에 이루어진 것이라고 할 수 있다. 따라서 일본 측의 안용복 인식과 이미지는 합리적인 연구 결과로부터 도출된 것이 아니라 애초부터 정치적인 의도에서 출발하여 구축된 것으로 보아야 할 것이며, 현재까지 그러한 측면은 사라지지 않고 있다.

뿐만 아니라 일본정부의 안용복 이미지를 구축하는데 일조한 일본 연구자들의 자세에도 문제가 있다고 할 수 있다. 그들은 한국 측 연구자들이 한국자료 만을 근거로 논리를 전개하고 있다고 비판하고 있다. 안용복 사건은 한일 양국 간에 벌어진 일이므로 일본 측 사료와 한국사료를 대조하여 양국 사료에 근거한 연구를 통해 사실을 명백하게 밝혀야 할 필요성이 있다고 한다.

하지만 그들은 일본 측 사료에 기록이 없는 것은 모두 거짓이라는 논리를 구사하고 있다. 즉 전근대의 일본 사료의 기록에 대해서는 무조건적으로 인정하면서 조선 측 기록은 무조건적으로 부정하고 있는 것이다. 이는 차별적인 인식에 근거한 역사연구 자세로 사료에 입각한 역사연구라는 근대 이후 면면히 이어져 내려온 역사연구자의 자세에도 걸맞지 않는 것이라고 할 수 있다.

심지어 일본 측 연구자들은 『숙종실록』의 안용복 진술을 마치 안용복의 단독진술인 것처럼 호도하고 있다. 이는 명백한 사료조작이며, 역사왜곡이라고 할 수 있다. 소위 말하는 안용복 진술은 그와 함께 일본으로 건너갔던 11명의 진술을 정리한 것이지 안용복 단독진술이 아니다. 따라서 안용복 진술은 객관성이 어느 정도 담보되어 있는 역사적인 사실이라고 할 수 있다. 실제로 그것이 어떻게 진행되었는지 현재로서는 명백하게 밝혀지지 않고 있지만, 최소한 그와 유사한 사실이 존재했을 것이라는 추정 정도는 가능한 객관성을 지니고 있는 것으로 보아야 할 것이다.

그러므로 역사연구자로서 사료에 대한 겸허함을 겸비하고 있다면 일본 사료뿐만 아니라 한국 사료에 대한 최소한의 배려를 가지고 안용복의 진술을 분석하려는 태도가 있어야 할 것이다. 안용복이 거짓말쟁이이며, 자신의 이권을 확보하려고 했을 뿐이라는 사료에 존재하지도 않은 내용으로 역사적인 인물의 이미지를 구축하려는 자세는 가감하지 말고 사료에 적힌 대로 역사를 서술해야 한다는 역사가의 본 모습이 아닐 것이다.

▌박지영(한국해양수산개발원 독도·해양영토연구센터) ▌

저자소개

■ 김호동

현재 영남대학교 독도연구소 연구교수로 있으며 주요저서로 『독도·울릉도의 역사』, 『안용복과 울릉도·독도』, 『영원한 독도인 최종덕』, 『고려 무신정권시대 문인 지식층의 현실대응』, 『한국 고·중세 불교와 유교의 역할』, 『한국사』 6(공저), 『울릉도·독도의 종합적 연구』(공저), 『독도를 보는 한 눈금 차이』(공저), 『울릉군지』(공저), 『독도 영유권 확립을 위한 연구』 I∼Ⅶ(공저) 외 다수가 있다. 논문으로는 「조선 숙종조 영토분쟁의 배경과 대응에 관한 검토」, 「조선초기 울릉도·독도에 관한 '공도정책'의 재검토」, 「울도군절목을 통해 본 1902년대의 울릉도 사회상」, 「개항기 울도군수의 행적」 외 다수가 있다.

■ 진재교

현재 성균관대학교 한문교육과 교수로 있으며 사범대 학장과 대동문화연구원장을 맡고 있다. 주요 저서로 『이계 홍양호 문학 연구』, 『이조 후기 한시의 사회사』가 있다. 이 외에도 『근대전환기 동아시아 속의 한국』, 『충돌과 착종의 동아시아를 넘어서』, 『학문장과 동아시아』, 『19세기 한 실학자의 발견 사상사의 이단아, 백운 심대윤』등의 공저가 있으며, 『정조어찰첩』『북학 또 하나의 보고서-설수외사』『18세기 일본 지식인 조선을 엿보다-평우록』, 『19세기 견문지식의 축적과 지식의 탄생-지수염필』 등의 역서가 있다.

■ 김병우

현재 대구한의대학교 교수로 재직하면서 안용복연구소 소장을 맡고 있다. 저서로는 『대원군의 통치정책』이 있고, 『한국이 기억하는 안용복』이라는 편역서를 냈다. 최근 독도 및 안용복과 관련한 논문으로 「안용복 연구현황과 과제」, 「신라 및 고려시대 울릉도와 독도의 인식과 경영」, 「이명박 대통령의 독도방문과 보도 경향」, 「일본이 기억한 안용복-『죽도기사』와 『죽도고』를 중심으로」, 「일제강점기 안용복의 이미지화와 그 의미」 등이 있다.

■ 김성은

현재 대구한의대학교 기초교양대학 조교수로 있으며, 한국근현대사학회 이사, 한국여성사학회 이사를 맡고 있다. 논문으로『일제식민지시기 황신덕의 현실인식과 운동노선의 변화양상』, 『해방 후 임영신의 국제정세 인식과 대한민국 건국 외교활동』, 『한말 일제시기 엘라수 와그너(Ellasue C. Wagner)의 한국여성교육과 사회복지사업』, 『부산지역 언론의 독도 관련 보도경향과 인식 – 이명박 대통령의 독도방문을 기점으로-』 등이 있다.

■ 박지영

한국해양대학교 해양무역학과를 졸업하고 일본 도쿄대학 대학원에서 지역연구학(일본 근세사 전공)으로 석사학위와 박사학위를 취득했다. 현재는 국책연구기관인 한국해양수산개발원 전문연구원으로 있으며, 해양영토 관련 정부정책을 수립하는 데 일조하고 있다. 번역서로 『민권과 헌법』 등이 있으며, 그 외 독도영유권 관련 연구 논문 및 공저서가 있다.

대구한의대학교
안용복연구소 학술총서 5

안 용 복

2016년 06월 20일 초판 1쇄 발행

저　자 ‖ 김호동 · 진재교 · 김병우 · 김성은 · 박지영
펴낸이 ‖ 엄승진
표지디자인 ‖ 유선주 디자이너
펴낸곳 ‖ 도서출판 지성인
주　소 ‖ 서울 영등포구 여의도동 11-11 한서빌딩 1209호
메　일 ‖ Jsin2011@naver.com
연락주실 곳 ‖ T) 02-761-5925　F) 02-6747-1612
ISBN-978-89-97631-66-7 93910

18,000원

잘못 만들어진 책은 본사나 구입하신 곳에서 교환하여 드립니다.
이 책은 저작권법에 의해 보호를 받는 도서이오니 일부 또는 전부의 무단 복제를 금합니다.

「이 도서의 국립중앙도서관 출판예정도서목록(CIP)은 서지정보유통지원시스템 홈페이지(http://seoji.nl.go.kr)와 국가자료공동목록시스템(http://www.nl.go.kr/kolisnet)에서 이용하실 수 있습니다.(CIP제어번호: CIP2016013089)」